艾森豪威尔画传

时影/编著

作家出版社

Dwight D.

Eisenhower

图书在版编目（CIP）数据

艾森豪威尔画传 / 时影编著．— 北京：作家出版社，2015.9
（名人画传丛书）
ISBN 978-7-5063-8367-7

Ⅰ．①艾… Ⅱ．①时… Ⅲ．①艾森豪威尔，D.D.（1890 ~ 1969）—传记—画册 Ⅳ．① K837.127=5

中国版本图书馆 CIP 数据核字（2015）第 240962 号

艾森豪威尔画传

作　　者：时　影
责任编辑：张　平
装帧设计：陈　燕
出版发行：作家出版社
社　　址：北京农展馆南里 10 号　　邮　　编：100125
电话传真：86-10-65930756（出版发行部）
86-10-65004079（总编室）
86-10-65015116（邮购部）
E-mail:zuojia@zuojia.net.cn
http://www.haozuojia.com（作家在线）
印　　刷：北京市玖仁伟业印刷有限公司
成品尺寸：170×240
字　　数：32 千
印　　张：14
版　　次：2016 年 1 月第 1 版
印　　次：2016 年 1 月第 1 次印刷
ISBN 978-7-5063-8367-7
定　　价：30.00 元

目录

Dwight D.Eisenhower

引子：寒门贵子艾森豪威尔

德怀特·戴维·艾森豪威尔本来是个穷小子，虽然他很勤奋、很努力，却从来没有想到自己能够成为一位将军。直到1941年他还是一名上校，几年之后他已经获得了美国最高的军衔——五星上将。1952年，他作为共和党候选人当选美国总统。

艾森豪威尔是二十世纪西方世界最杰出的军事领袖之一。第二次世界大战期间，他出任欧洲盟军最高统帅，亲自指挥了数次重大战役，并取得了辉煌的胜利。他有德国血统，却打败了纳粹德国。

正如乔治·马歇尔在第二次世界大战结束时所说的那样："作为一名军人，艾森豪威尔具有美国军队所培养的优秀人物所具备的一切品质——精通军事业务，熟谙战争历史，果敢顽强，具有献身精神，深得士兵的爱戴和上司的信任。"

他还是二十世纪西方世界著名的政治家之一。在1953年至1961年担任美国总统期间，他带领美国人民渡过经济难关，赢得了美国人民的尊敬和热爱。他也对外实行扩张，通过"反对共产主义"的口号让美国势力进入中东。他的对外政策思想以他的名字命名，即"艾森豪威尔主义"。

有人说，艾森豪威尔在第二次世界大战期间的经历"是光辉的、受人尊敬的"。但是，他在"冷战"期间作为美国总统所执行的政策，却是"失败的、令人诅咒的"。他的名字，既与第二次世界大战的胜利密切相关，又同"战争边缘政策"和"冷战政策"纠缠不休。

但是，谁也无法因为这种争议，就否定这位政治家、军事家的伟大功绩。美国人把他看作“美国梦”的化身：通过个人的努力，寒门也能出贵子，人人都可以成功。

⊙五星上将艾森豪威尔。

⊙艾森豪威尔任美国第三十四届总统。

第一章 他是“无产阶级”

1890年10月14日，艾森豪威尔出生于美国得克萨斯州丹尼尔森的一个铁路工人家庭。他的父亲戴维·艾森豪威尔是从德国来到美国的移民，本来以为新大陆好发财，来了以后才知道经营不善一样要破产。破产后老婆、孩子要吃饭，老艾森豪威尔就到铁路上当了工人，一家人住进了铁路边的小木棚。

艾森豪威尔就出生在这样的小木棚里。他出生之前，父母也曾经对他的前途做了憧憬。父亲认为这个儿子一定要当上农场主，过上好日子。母亲则说，农场主有什么意思？要当就要当一个医生，收入多，还有很高的社会地位。

谁都没有想到，这个孩子日后成了五星上将和美国总统。

艾森豪威尔小的时候，父母搬了两次家，第二次搬家让他难以忘怀。那是1898年的一天，父亲下班后兴冲冲地跑回家，告诉全家人说："我们可以搬进大一些的房子了！"

孩子们迅速围住了爸爸。原来，孩子们的叔叔亚伯拉罕决定去西部创业，要抛售那栋小楼，爸爸只要付很少一点钱，就可以买下来。

当他们进入新家的时候，孩子们幸福地发出了刺耳的尖叫。

妈妈把娘家陪嫁的钢琴搬进了客厅。新房子宽敞明亮，终于像个家了，渐渐长大的孩子们终于可以分开来住了。

房后有一片三英亩的土地，一部分被家里用来种植饲料作物，余下的空地被开辟成一块很大的菜地。每个孩子，包括1899年出生的最小的密尔顿在内，都分到了一小片菜地。他们可以在自己的菜地里种一些喜欢的蔬菜，收获后挨家挨户去兜售以换取零用钱。

艾森豪威尔一家的日子渐渐宽裕起来。他们自食其力，靠强健的体魄和勤劳的双手攒下每一分钱，省吃俭用还清了买房的债务外，还略有积蓄，为此他们受到了镇上居民的尊敬。

戴维·艾森豪威尔是位典型的德国父亲：顽固、严格、脾气急躁，孩子们都很怕他。他做出的决定，妻子和孩子必须全部接受。孩子们一长大，就轮流在早晨五点起床，给父亲准备好早餐。这使得孩子们对父亲都不大亲近，甚至有些惧怕他。

孩子们一旦做错了事就会自动接受惩罚。父亲有一块硬木板，专门用来体罚不听话的孩子。如果挨打时哭得凶，就会打得更狠些。

母亲则是一个温柔贤惠的女人。她虔诚地信仰上帝，热爱音乐，没事的时候，就在钢琴前弹奏乐曲，有时候也教这几个孩子。

父亲的暴怒是可怕的，不过母亲生气起来，则是伤心到了极点。一次，妈妈把饭盒交给艾森豪威尔兄弟三人，告诉他们带给上班的爸爸。三人居然在河边玩起了一只小船。当时正是雨季，水很深，三兄弟一不留神就翻了船，饭盒无影无踪。爸爸当天就没能吃上午饭。

那天，妈妈用树枝抽打了三个孩子，一边抽一边哭。这件事让艾森豪威尔印象深刻，从此之后他明白了人要对自己的行为负责。

他们居住的小城叫阿比伦。这个地方民风淳朴，不过孩子们都很粗野，还富有侵略性。全家刚搬过来的时候，德怀特·艾森豪威尔经常因为他的“乡下口音”（其实是带点德语口音）受到欺负和嘲笑。

有时候，他还会和别的孩子打起来，鼻子破了，眼角青了，回来之后哥哥们看见了，就想为他出气。他们家六个男孩，阵容强大，实力可观，按说不成问题。艾森豪威尔却总是对哥哥们说，没事，我自己能打赢，叫哥哥帮忙的不是英雄。于是下一次出去，他真的打赢了。

没过多久，他成了这一带最强壮的孩子。每当同龄人提起“艾克”（他的昵称），第一个想到的就是他的硬拳头，结果谁也不敢再惹他了。

⊙艾森豪威尔的祖先是德国移民，他们原先居住在欧洲莱茵兰地区，属于宗教异端门诺教派。为了摆脱教派的排挤，艾森豪威尔一家迁入瑞士，1841 年又迁往北美宾夕法尼亚。这幅题为“1871 年的石油河谷”的作品，描绘了在美国宾夕法尼亚州抽取原油的钻塔。

⊙ 1878 年，雅克布・艾森豪威尔被蜂拥而去的移民所吸引，于是带着全家离开了宾夕法尼亚，随着众教徒前往遥远的堪萨斯。图为堪萨斯州的一个拓荒者全家穿着节日的服装，在他们的宅地前摆着姿势照相。由于这个大平原上没有树木，他们的房子都用干燥的草皮垒成，牛粪则是他们的燃料。

⊙ 1890 年 10 月 14 日，德怀特·艾森豪威尔的父亲戴维·艾森豪威尔，出生于美国得克萨斯州的丹尼尔森。他的双亲当时非常贫困，住在一栋简陋的木板屋里。而德怀特·艾森豪威尔也出生在这样的木板屋里。这是 1888 年，丹麦移民摄影家雅各布·瑞斯拍摄的贫民窟的照片。他的照片使公众开始关注城市贫民的绝望状况。

⊙ 1909 年，艾森豪威尔一家在阿比伦家中的合影。后排中间者是德怀特·艾森豪威尔。

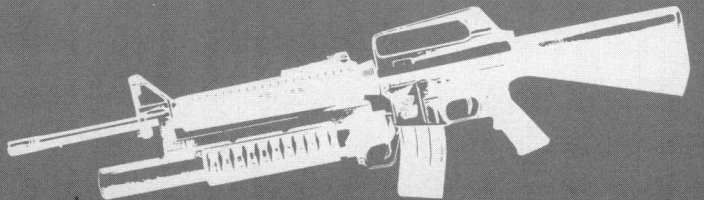

第二章 “打”进西点

艾森豪威尔在当地打出名堂的同时也没有放松学习。上小学和中学时，他的成绩都很好，同时他也在体育上大展身手——棒球和橄榄球都是艾森豪威尔擅长的项目。有人回忆说：“这个强壮的矮个子底盘低，很难抓住他。”每次成功得分或者成功防守，他都会得意地哈哈大笑。

上中学时，艾森豪威尔曾经在运动中膝盖受伤，伤口没有流多少血，却因为感染昏迷了许多天，几乎送命。医生要求他截肢，他在清醒时告诉哥哥埃德加，自己就算死也要留下腿。哥哥真的阻拦了要给他截肢的医生，终于，命大的艾森豪威尔挺了过来。如果当时他做了截肢手术，恐怕美国的历史就要改写了。

大难不死，必有后福。1909 年，艾森豪威尔从中学顺利毕业。他很想继续深造，不过家庭环境实在难以支持他读大学。于是，他想到了不花钱的学校——军校。

想要进西点军校，必须有社会名流的推荐信。1910 年 8 月，艾森豪威尔以他特有的直率，写了一封信给参议员约瑟夫·布里斯托。他在信中写道：

我很希望能进入安纳波利斯军校或西点军校。

我是中学毕业生，今秋年满十九岁。

若阁下能提名我进入上述两校之一，我将不胜感激。

参议员对这个年轻人的大胆和自信感到惊讶，他给艾森豪威尔的答复是——报纸上刊登的军官学校的选拔考试介绍。

平民出身的艾森豪威尔有了参加这次考试的资格，他迅速开始备考。十月，他怀着自信走进考场。考试结果最后出来了：他以优秀的成绩排名第二。不过，艾森豪威尔还是担心自己的前程：考试成绩是否起着决定性的作用？他会不会被别人挤掉？

西点军校需要他这样聪明的年轻人，他收到了通知书。学校让他于 1911 年 1 月参加西点军校的复试。

经过两次考试，他被正式录取了。这个时候，家里却开始了争议，因为父母都是虔诚的教徒，他们的信仰让他们觉得去做“炮灰”和“杀人”是不道德的。

“这是我的选择，请你们尊重。再说军校毕业未必要去杀人啊，这是个免费教育的机会。”

终于，父母答应了他的选择，一家人含着眼泪把他送上了火车。他向父母、兄弟挥手：“再见，照顾好我的狗和猎枪……妈妈你别哭啊……”

穷小子艾森豪威尔就这样进入了西点军校，这里是传说中的“年轻人的地狱”。

西点军校不是富丽堂皇的大宅院，那里的宿舍冬天冷夏天热。食堂里伙食粗糙，还有老兵对新兵无休止的折磨和虐待。西点军校有一个传统，吃饭的时候老兵如果看了对面的新兵一眼，新兵就必须立刻坐正，双手放在腿上，对老兵行注目礼，直到老兵的视线离开自己为止。

此外，还有许多翻新的花样，正步走、倒立、柱子上游泳……花样繁多，不胜枚举。各种“考验”，艾森豪威尔差不多都熬过。每当被老兵们折磨得心灰意冷、眼泪汪汪时，他便给自己打气说：“毕竟没收学费就上了大学，哪里有那么容易的……”

他在西点军校并不老实，有的时候也会顶撞古板的教官或者给军士使坏。不过，他利用自己的小聪明一次次逢凶化吉。他在学校橄榄球队成了明星后卫，甚至《纽约时报》也评价这位橄榄球后卫“最有前途”。

不过在球场上，他的膝盖又受了一次伤，骨折了。医生于是告诫他，不要再踢球了。他十分悲伤，从此断了自己做体育明星的梦想。

⊙在整个青少年时代，艾森豪威尔最感兴趣的课程就是军事史。汉尼拔和拿破仑是他最崇拜的军事统帅。此画由雅克·路易·戴维创作，描绘了 1797 年 4 月拿破仑穿越阿尔卑斯山，追随着近两千年前的汉尼拔前进时的情景。

⊙ 1909年5月，艾森豪威尔在阿比伦高中毕业班的合影。

⊙1911 年 6 月至 1915 年 6 月，艾森豪威尔在西点军校学习。图为 1912 年，在西点军校读书时的艾森豪威尔。

⊙西点军校坐落在纽约市北部八十公里的西点镇，该校成立于 1802 年 7 月。自建校以来，该校培养了许多优秀的军事人才。美国的高级将领，多半是西点军校的毕业生。图为正在列队的西点军校学员。

⊙西点军校的学生正在做体操。

⊙美国西点军校校徽。

⊙西点军校的学生要进行严格的军事训练，以锻炼其体能和意志力。

第三章 他错过了第一次战争

经过四年的艰苦磨炼，艾森豪威尔从一个穷孩子转变成为美利坚合众国的陆军军官。他所在的那个班级，后来成为西点军校历史上最有名的“明星辈出的班级”。

1915年，在该班的一百六十四名毕业生当中，有五十九名后来获得了准将或者更高的军衔，其中三名获得上将军衔，两名获得五星上将军衔，更有一名五星上将退役之后当上了美国三军总司令——美国总统。

不过，当时艾森豪威尔的前途并不光明，他那带着碎骨的膝盖影响了他的毕业分配。他的去向受到了限制，只好眼睁睁地看着同学们奔向美国各地的军营。

军方命令他去得克萨斯州圣安东尼奥郊外的休斯敦萨姆堡报到。当艾森豪威尔抵达这个从未听说过的地方后，他原先的郁闷迅速转变为兴奋——他发现，他是非常适合在美国的南方当一名陆军军官的。

休斯敦萨姆堡的日子悠闲而精彩。在这儿服役，简直意味着享福：一天的任务可以在半天内完成，剩下的半天则可以自由打发——去猎获野鸽、追逐野鹿，或是骑着马儿在一望无际的原野上尽情驰骋。

另外，当地的一所军事院校用一百五十美元的薪金，聘请他当该校的橄榄球队教练。艾森豪威尔执教之后，迅速改写了该校球队从未赢过的历史。

他尽量把自己的单身汉生活过得多姿多彩——与下级军官打扑克，与好友饮酒作乐，或者和认识的女孩子一起郊游。就在那段日子里，一位同事的太太介绍美丽的姑娘玛丽·杜德给他认识，他当时就晕头转向坠入了情网。约了好几次，姑娘终于答应和他约会了！

玛丽的父亲是当地有身份的绅士，家庭也很富有，可惜就是没有儿子。当艾森豪威尔来到他家被介绍给他认识之后，他很仔细地跟这个小伙子聊了很久。

“我很满意。”未来的老丈人十分欣赏这个虽然家境贫寒却努力上进的小伙子。

不久，艾森豪威尔正式向玛丽求婚。玛丽羞涩地答应了，不过杜德先生对女婿说："我这个女儿平时享福惯了，未必是个好妻子。"然后又对女儿进行了大段教育，告诉她做军人的妻子将是很辛苦的，今后难免为他担惊受怕，还要长期忍受两地分居的生活。

本来杜德先生希望等玛丽满二十岁再结婚，不过欧洲形势越来越紧张，美国随时准备参战。于是 1916 年 7 月 1 日，两人举行了婚礼。

婚后的艾森豪威尔分到了一套三间的房子。玛丽开始尽心尽力地照顾丈夫，操持家务。她在他们的屋子里用芸豆和啤酒，招待艾森豪威尔的同事和他们的太太，受到了大家的欢迎。

大家经常在他们家里扯着喉咙唱流行歌曲，艾森豪威尔夫妇则弹琴为他们伴奏。他们的公寓成了"艾森豪威尔俱乐部"，朋友们都喜欢到他们的小屋子里去快乐一番。

1917 年 4 月，美国参加第一次世界大战。艾森豪威尔没有被分配到前线。他热切地想去法国打仗，因为战争对他来说极具吸引力。他认为，他的位置应该在前线，而不是在场外观战。

但是，陆军部把他派往佐治亚州去训练预备军官学员，他感到了前所未有的丧气。他一次次向陆军部请求去海外服役，然而他的请求都石沉大海。

1917 年，艾森豪威尔和玛丽的第一个孩子出世了。玛丽给孩子取名杜德·德怀特，小名叫艾基。小宝宝让艾森豪威尔暂时放弃了出国打仗的念头。

其实，上级分派给他的任务并不差，虽然不是在战场，年仅二十七岁的他却可以指挥几千人。到了六月，他手下已拥有一万名士兵和六百名军官，还有坦克。他又设法为部队搞来一些机枪和加农炮，教士兵熟练地运用它们，并取得了显著的成绩。

战争结束后，美国进行了一次集体的军官降低军衔的运动。不过艾森豪威尔被降低军衔后不久又获得了提升——1920 年，他晋升为上尉，不久又成了少校。不过，当了少校之后他就官运不佳——连续十五年没有晋升。

⊙ 1916 年 7 月 1 日，艾森豪威尔和玛丽·吉尼瓦·杜德在丹佛市结婚。这是他们新婚时的合影。

L.I.R.R.

⊙ 1917 年 4 月 6 日，美国对德国宣战，正式参加了第一次世界大战。这是纽约第六十九步兵团的官兵们在与情人吻别，他们即将出发前往欧洲战场。生离死别的悲壮时刻到了，但是艾森豪威尔只能眼睁睁地看着这一切发生在自己的面前。

⊙ 1917 年秋，参加第一次世界大战的一百二十万美国官兵中的一部分正在开赴欧洲的途中。美国的参战对协约国的胜利起到了至关重要的作用。

⊙ 1918 年，美军第三十师的部队跟着马克 –5 型坦克行进。第一次世界大战末期首次出现在战场上的坦克，使艾森豪威尔预见到装甲部队在战争中将会有远大的前途。

⊙ 1918 年，在圣米耶勒战役中，美军炮兵正在猛烈炮击敌军阵地。远离战场的艾森豪威尔则在美国本土训练士兵们如何掌握这些武器。

⊙1918年11月11日，奥匈帝国与协约国签署了停战协定，第一次世界大战结束了。图为在听到停战的消息后，美第七师的士兵在欢呼。与此同时，作为一名职业军人的艾森豪威尔，却为自己失去了作战机会而感到沮丧。

⊙ 1918年，协约国的最高统帅——法军元帅福煦（左）会见美国将军潘兴。他们在第一次世界大战中出尽了风头，成为艾森豪威尔关注的对象。

⊙ 1919年，艾森豪威尔和他的朋友们。

⊙ 1920 年，一群从战场上退伍的军人出门找工作。两年前他们在战壕里浴血奋战，而现在他们却在街头闲逛，消磨时光。很快，他们就会成为“被遗忘的人”。那些没有退伍的军人，则被降低待遇，军官们一律都被降衔使用。

第四章 难忘的深造

1921年，不幸降临在年轻的艾森豪威尔夫妇身上。他们三岁的儿子艾基得了猩红热死了，夫妻俩一下子苍老了许多。在房子和花园里，到处都有儿子留下的痕迹，想起孩子的笑脸，他们心如刀割。艾森豪威尔决定换一个地方，换一个工作岗位，他搬到外地去，以摆脱这个阴影。

1922年，接到了陆军参谋长潘兴将军的任命后，艾森豪威尔抵达巴拿马，开始了他新的军旅生涯——这是他第一次到国外服役。

巴拿马艰苦的生活条件根本无法与美国相提并论，他们所住的房子叫"棚屋"更为合适。这座两层棚屋搭建在桩柱上，弃置不用已达十年之久。不过新鲜的域外氛围和异国情调，使得艾森豪威尔渐渐忘却了失子的苦痛，重新开始了紧张刺激的生活。他经常与军官们一起骑马、打猎，有时打打扑克、聊聊天。

1922年夏，玛丽去丹佛避暑，并让他们的第二个孩子降生在一座现代化的医院里——她不愿意让第二个孩子有任何闪失。在艾森豪威尔的陪伴下，他们的儿子约翰·谢尔登·杜德·艾森豪威尔呱呱落地了。

1925年，经由巴拿马运河区盖拉德兵营的指挥官康纳推荐，艾森豪威尔少校回到美国，准备到利文沃思指挥参谋学院进修。他开始是很有疑虑的，因为他在西点军校学的其实是军事土木工程一类的专业，而不是步兵，而步兵专业毕业被认为是进入利文沃思指挥参谋学院的先决条件。更何况在这所学校里，竞争十分激烈：学习成绩优秀的有希望得到晋升，成绩差的就没有希望。

正在他犹豫不决之时，康纳来信鼓励他说："你自己可能不知道——你比我知道的任何人都更有资格到利文沃思去。你在巴拿马时，曾每天写一份野战命令，这使你对起草作战计划和作战命令那一套东西非常熟悉，这样你就决不该有低人一等的感觉。"

在上级的鼓励下，艾森豪威尔回到美国加入了利文沃思指挥参谋学院，这里还有来自各个兵种的精英。对于学员们来说，进入利文沃思指挥参谋学院既是一种奖励、一种鞭策，同时也是一种考验。该学院的宗旨是培养出不仅有头脑，还能吃苦、经得起考验的军人。

利文沃思指挥参谋学院最为著名的，则是它对学员所施加的压力。学员们每天都要学习到半夜，许多身强体壮、在野战部队里待过的小伙子，也难以承受这种强大的压力——有些人精神崩溃，个别人甚至自杀了。

为了应对这种压力，艾森豪威尔每天九点半就睡觉，从来不和同学们闲谈。因此他吃得香睡得甜，在西点军校成绩中等的他，居然在利文沃思指挥参谋学院毕业的时候得了第一名！

不过，好学生艾森豪威尔书还没读够。没过多久，他又进入另一所军校——麦克奈尔堡陆军大学深造。坐落于华盛顿的麦克奈尔堡陆军大学，是一名军官毕业后进修的最高学府，其任务是培养高级指挥人才。

如果说在利文沃思学习是一种考验的话，而在麦克奈尔堡学习则是一种奖励。在那儿，艾森豪威尔度过了轻松愉快的一年，学员们没有激烈的竞争，没有辛苦的训练，更没有考试及评分。

在麦克奈尔堡陆军大学的主要时间，他都在听政府官员和军队将领做关于世界政治经济形势的报告。艾森豪威尔眼界大开，并认识了一些重要人物，这对他日后走上政坛大有裨益。

1928 年 6 月，艾森豪威尔从麦克奈尔堡陆军大学毕业。当时他已经三十八岁，因为长期在学校读书，军衔很低，还是少校，没有人相信他还有提升上校或者将军的希望。

一些西点军校的同学，已经开始可怜这个“老学生”了。

⊙ 1921 年 1 月 2 日，艾森豪威尔的长子艾基死于猩红热。在艾森豪威尔退休之后，他回忆道：“这是我一生中最大的不幸，我从来都无法把这件事彻底忘掉。”

⊙ 1923 年 8 月 3 日，艾森豪威尔的次子约翰出生。这是约翰两岁时，艾森豪威尔一家的合影。

⊙ 1928 年，法国兰斯，艾森豪威尔的妻子玛丽（左）同她的密友在一起。十七年后，艾森豪威尔在此接受了德国的投降。

第五章
给麦克阿瑟“扛长工”

“老学生”艾森豪威尔被分配到陆军部助理部长办公室工作。他的上级中有两个日后了不起的人：麦克阿瑟和马歇尔。当时艾森豪威尔的军衔很低，后来做他部下的巴顿当时的军衔比他都高。巴顿经常佩戴着“一战”的勋章到艾森豪威尔家里做客，这使得艾森豪威尔的儿子约翰很害怕：“他比爸爸官大，拿马鞭，穿得那么漂亮，而且还有那么多的银徽章！”艾森豪威尔听了儿子眼中的巴顿形象，不由得哈哈大笑。

1930 年，麦克阿瑟担任了陆军部参谋长。他是个很有能力、野心勃勃却喜欢夸夸其谈的人。他挑选了艾森豪威尔做他的帮手和幕僚，负责起草文件、写讲话稿件和做各种杂事。艾森豪威尔那种认真负责的态度让麦克阿瑟十分满意。他在一份报告中赞扬艾森豪威尔说：“他是军队最好的军官。当下一场战争来临时，他应当立即登上领导岗位。”

下一场战争还很遥远。1933 年，麦克阿瑟把艾森豪威尔任命为自己的私人助理。可怜的艾森豪威尔每天都要沉浸在无聊的案头工作当中，他多次要求下到野战部队去。麦克阿瑟总是说：“你适合去那里，不过你活干得很好，我不愿意你去。”

麦克阿瑟坐在办公室里，一有什么新想法就对隔壁高喊“艾森豪威尔少校”，艾森豪威尔就必须跑过来听他的命令。艾森豪威尔看见麦克阿瑟叼着烟斗告诉自己：“还没想好，你先回去吧。”许多年之后，艾森豪威尔想起这段日子，他告诉自己的儿子说：“那真是黑暗的日子。”

1936 年，麦克阿瑟去独立不久的菲律宾当军事顾问，他把艾森豪威尔也拉了过去。在那里，他们每个月的薪水超过一千美元（当时是很可观的数字），还能住豪华酒店。不过艾森豪威尔并不开心，他更希望到部队去。麦克阿瑟和当地政府的关系也并不好，艾森豪威尔尽力帮他斡旋，却无力阻止双方的争吵。麦克阿瑟的独断专行连艾森豪威尔都受不了了，他甚至多次要求麦克阿瑟将他解职，后来的一次偶然事件让他最终下定决心离开菲律宾。

当时，艾森豪威尔的妻子带着孩子来到菲律宾居住，不过热带气候让玛丽十分不适应，她大病一场，还吐了血。艾森豪威尔决定带全家回美国，这次麦克阿瑟也不好阻拦他了，只好和他惜别。艾森豪威尔终于回到了美国，他心中有一个打算，他觉得战争即将爆发，他要尽快回到美国去，做好在战争中大显身手的准备。

回到家乡以后，玛丽的健康状况有了很大好转。她主持的“艾森豪威尔俱乐部”重新开张。朋友们纷纷前来拜访，艾森豪威尔家经常充满欢歌笑语。

艾森豪威尔担任了陆军第三师第十五步兵团副团长兼第一营营长。工作非常繁忙，但他仍频繁地外出探险、打猎。在他的记忆中，那一段快乐的时光是在“枝丫、纠缠交错的灌木丛、幽静深险的洞穴，以及野兔出没的小山”中度过的。

从1939年开始，美国政府终于开始扩充军队，重新装备落后的美国陆军。从1939年到1942年，美国军队由十九万人大幅度扩充至五百多万人。美军不仅采用全新的武器装备，还进行了组织、纪律和战术方面的彻底改革。

艾森豪威尔非常渴望，能在建立军队的过程中发挥自己的作用。在这一段时间里，他每天都工作十八个小时，而且没有星期天，就连他喜爱的运动和打猎活动也暂停了。他制订训练计划，视察部队，给下级军官上课，领导野外演习，并竭尽全力地鼓舞和保持部队高昂的士气。

他对大家说：“士气既是最强有力的，同时又是最不容易培养起来的。它能抵抗战争的冲击，甚至灾难，但也可能被偏袒、冷落或不公正完全摧毁。军队不能娇生惯养，因为这样不能培养士气，只能宽容和鼓励无能。”他要求属像他一样，不停地工作、工作、再工作。

在此期间，他的老朋友巴顿给艾森豪威尔写信说：“你来我这里来担任参谋长或者团长吧。你可以告诉我，你想担任哪一种职务。我们在一起是会成功的。”然而，艾森豪威尔的军衔太低，仅仅是一名中校，因此他对巴顿的提议一笑了之。

1940 年 11 月 1 日，巴顿写信劝艾森豪威尔快点申请调动。他在信中说："赶紧活动活动吧，因为这个军队很快将提拔十个将军。" 十个将军？艾森豪威尔怦然心动。然而，一个仅仅是中校的中级军官，怎能与职衔和资历比他高许多的人竞争呢？

他写了申请调动书，但是他几乎没有抱什么希望。不过 1941 年的一纸调令，使艾森豪威尔成为第九军军长凯尼恩・乔伊斯将军的参谋长。同年三月，他晋升为上校，有人恭喜他说："不久就要扛起'大星'（做将军）了吧？"

⊙ 1935 年 10 月，麦克阿瑟前往菲律宾就任军事顾问。左一是他的老部下和得力助手艾森豪威尔。

⊙在菲律宾期间的艾森豪威尔。

⊙在菲律宾期间，艾森豪威尔博得了菲律宾总统奎松的好感。奎松说：『在他全部的优秀品质中，最值得称道的是，不论我何时向艾克征求意见，总会得到答复。』图为麦克阿瑟（右）与奎松在一起。

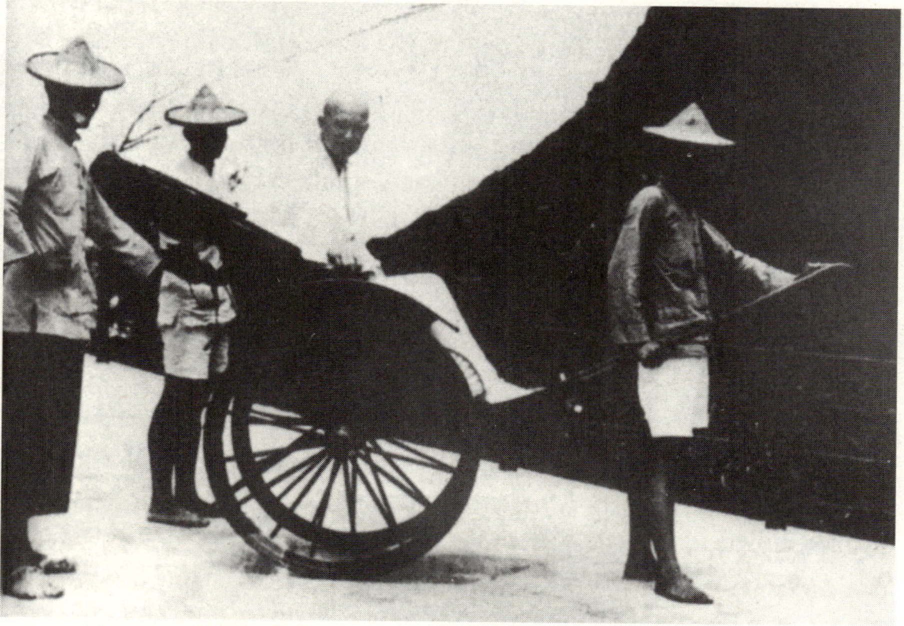

⊙ 1937 年初，艾森豪威尔同麦克阿瑟在菲律宾的金利山堡垒。这是艾森豪威尔坐在当地的人力车上。

⊙ 1938 年，艾森豪威尔（右二）随同麦克阿瑟（右三）访问驻扎在香港的英军部队。此时日本已经发动了侵华战争，太平洋局势日趋紧张，美英两国的军队也加强了相互之间的联系与合作。

⊙ 1939 年 9 月 1 日，希特勒入侵波兰。9 月 3 日，英、法对德宣战。第二次世界大战爆发了。图为华沙的街道上一片狼藉，棺材随处可见，一位华沙妇女在一具棺材前匆忙走过。

⊙ 1939 年 12 月 13 日，艾森豪威尔决定回国。他深信，美国不可避免地要卷入这场战争。图为艾森豪威尔在他的告别仪式上。

⊙ 1941 年初，时为中校的艾森豪威尔，摄于华盛顿路易斯堡的办公桌前。不久，他就晋升为上校、准将。从此一路吉星高照、官运亨通，成为美国历史上最著名的将军之一。

第六章　战争中的新星

艾森豪威尔好像坐上了直升机一样受到提升。1941 年 9 月，他晋升为准将。1941 年 12 月 7 日，珍珠港被轰炸了，战争立刻爆发。战争开始后的第六天，他被陆军部总参谋长马歇尔一个电话叫到了陆军部，担任作战处处长。

马歇尔是一个不苟言笑的人，具有高度的责任感和非凡的敬业精神。他不能容忍别人工作中的差错，但是对那些能够胜任工作的人却非常信赖。艾森豪威尔跟着他学到了很多东西，他曾经私下说："五十个麦克阿瑟都比不过一个马歇尔。"

马歇尔从来都是称呼艾森豪威尔的姓氏，而不像大家一样称呼他"艾克"。但是他对这位下属十分器重，几乎所有的作战计划或者命令都是交给他来起草。1942 年，他把艾森豪威尔提升为少将。

艾森豪威尔后来才知道，马歇尔向罗斯福总统写了一封对他的推荐信："艾森豪威尔不仅仅是一个优秀的参谋军官，他更适合做指挥官。"他推荐艾森豪威尔少将去做欧洲战区的指挥官！

多年来的梦想终于要变成现实了，他终于可以上前线了！艾森豪威尔心中一阵狂喜，何况他要担任的是战区指挥官的重要职务。这时，他对马歇尔真是无法表达自己的感激之情。

罗斯福总统批准了这个建议。艾森豪威尔匆匆回家和妻子、儿子告别。这时儿子也即将奔赴前线，一家人暂时分离。1942 年 6 月，他悄无声息地来到了英国。

6 月 25 日，艾森豪威尔举行了一次记者招待会，会上宣布他是驻英国美军司令。这时候，他真正开始了"公众人物的生涯"。

1942 年 7 月，艾森豪威尔晋升为中将。在此期间，艾森豪威尔通过他出色的外交才能，与英国领导人相处得非常融洽。艾森豪威尔不拘礼节的行为举止，很讨丘吉尔的喜欢。很快，他便成为英国首相丘吉尔乡间别墅周末的常客。

不过在拟订作战计划的时候，他还是时常跟英国人吵得脸红脖子粗。当时，艾森豪威尔正在领导制订1942年在欧洲登陆的作战计划——“大锤行动”，以及预定于1943年进行的“围捕行动”，但英国军人不支持“大锤行动”。相反，他们建议在1942年秋天进攻北非，而不是在欧洲开辟第二战场。

艾森豪威尔被迫在这个问题上做了让步，他接受进攻北非的计划，并制订了“火炬计划”。罗斯福担心，战事不利会导致他的民主党在选举当中失利，于是，他指示艾森豪威尔：“赶紧行动，十一月就要进行国会中期选举了！”

“火炬行动”的主要敌人是法国伪军，即维希法国在北非的军队。这支部队虽然战斗力远不如德国人，却也有二十多万士兵、五百架飞机、四艘战列舰、十二艘巡洋舰、四十艘驱逐舰、二十多艘潜艇和其他舰艇。

11月15日，英美联军三路特混舰队在北非登陆。首批登陆的兵力为七个师，其中有美国的四个步兵师和两个装甲师，英国的一个步兵师，共约十一万人。三路的指挥官分别是英国少将布罗斯、美军少将弗里登、巴顿。

联军的登陆很成功，仅仅受到了很微弱的抵抗，很快就收复了摩洛哥和阿尔及利亚。不过突尼斯的法国军队不愿意投降，自由法国的将军则一定要做最高指挥官才肯去劝降这些法军。

艾森豪威尔对法国将军的趁火打劫十分不满，于是干脆和突尼斯的法国伪军进行了谈判。通过谈判，这些法国伪军答应有条件地加入盟军。

这一成功是军事上的成功，却是政治上的失算。美国、英国的报纸、电台都充满了批评，说美国军队和法西斯分子谈判签约了！自由法国运动领袖戴高乐将军，更是指责美国人背信弃义。艾森豪威尔这才知道自己失算了，一时间处在十分不利的地位。

在艾森豪威尔陷入困境的时候，法国伪军上将达尔朗却继续暗地勾结纳粹，德军还在继续开进突尼斯。德国人的加入让毫无准备的盟军受到很大的损失。达尔朗的背叛几乎让艾森豪威尔下台，这时候，一位法国爱国者帮了艾森豪威尔的忙——他暗杀了达尔朗。

艾森豪威尔迅速从困境中摆脱出来，他重用巴顿指挥突尼斯战役。这个时候，马歇尔又一次有力地支持了他。马歇尔认为，艾森豪威尔表现不好是因为军衔太低，没办法让英国和法国的同事心服。于是，罗斯福在 1942 年 2 月任命他为四星上将。

德国元帅隆美尔却为这位新上将送来了一份“礼物”。他指挥的一次坦克突击让美军伤亡近五千人，差点儿俘虏了正在巡视前线的艾森豪威尔。艾森豪威尔立即组织力量进行反击。四月，他又一次巡视前线，这让士兵们信心大增，德国人逐渐支持不住了。

5 月 13 日，轴心国在突尼斯的残余部队投降，突尼斯的战斗盟军获胜。敌军在突尼斯的损失超过三十万人，其中三万被击毙，两万多人受伤，约有二十四万人被俘，其中有十二万人是德军士兵和军官。盟军损失在七万以上，其中一万多人阵亡。

艾森豪威尔并未被巨大的胜利以及接踵而至的荣誉所陶醉。当英国政治顾问麦克米伦飞回阿尔及尔时，他激动地拉住艾森豪威尔说：“将军，这是你的胜利果实。”艾森豪威尔转过身来，微笑着对麦克米伦说：“‘我们的’，应该说是‘我们的’。”

“我们的，我们的。”麦克米伦喃喃自语道。

艾森豪威尔以他出色的能力和谦逊的态度赢得了盟友的尊重。

⊙在日本偷袭珍珠港之前，夏威夷火奴鲁鲁岛上，美国陆军航空部队的 B-17 和 A-20 轰炸机自由地从天空飞过，海边的人们正在温暖的海水中嬉戏着。散发着活力的海滩加上令人心仪的清风和女人，让人十分留恋。

⊙ 1941 年 12 月 7 日，日本未经宣战，突然袭击美国在夏威夷的海军基地珍珠港，太平洋战争爆发。

⊙ 1941 年 12 月 7 日，海军陆战队兵营广场。

⊙ 1941 年 12 月 7 日，在日军偷袭珍珠港之后，由珍珠港的女市民组成的消防队正在奋力扑灭肆虐的大火。

⊙ 1941 年 12 月 7 日，瓦胡岛卡内奥赫海军航空站，图为死亡的美国海军水手。

⊙弹奏着吉他和四弦琴，妇女们正在演唱着传统的岛上歌曲《装饰着星星的旗帜》。在这个墓地上，安葬着数百名在珍珠港袭击中丧生的美国海军士兵。几百名悼念者参加了在墓地上举行的追悼仪式，墓地上堆满了鲜花。

⊙珍珠港事件促使美国人开始觉醒，罗斯福总统深感内疚，他认为这是美国历史上的奇耻大辱。1941 年 12 月 8 日，罗斯福总统向日本宣战。在他身后，副总统亨利·华莱士和国会发言人萨姆·雷伯恩神情忧郁。

⊙ 1941 年 12 月，阿卡迪亚会议期间，美国总统罗斯福和英国首相丘吉尔在白宫召开记者招待会。艾森豪威尔参加了这次会议。

⊙ 1942 年 6 月，艾森豪威尔出任欧洲战区美军总司令。

⊙ 1942 年 6 月，美国驻欧洲战区总司令艾森豪威尔，正在查看盟军轰炸机轰炸敌人防御工事的照片。

⊙ 1942 年 6 月 24 日，艾森豪威尔抵达伦敦。他认为，当前最重要的问题是加强美军和英军之间的团结。这是美国军方正在拍摄一幅宣传两国关系的照片。美国飞行员和一位英国女郎摆好亲热的姿势，以示美英关系亲密无间。

⊙在英国的一家乡村小店前，美国士兵在品味英国啤酒的口感。他们觉得这种啤酒相当无味，为此他们在啤酒里加了一些盐，这样味道就好多了。

⊙在伦敦的一次美军阅兵式中，英国人群中的孩子们挥动着美英两国的国旗，显示了英国人欢迎美军的到来。

⊙美国儿童捐献铝制品，用来制造更多的飞机。

⊙负责实施“火炬计划”的盟军总司令艾森豪威尔。

⊙ 1942 年，艾森豪威尔正在与部属共进午餐。

⊙艾森豪威尔在视察英国第二战术空军基地时向飞行员回礼。

⊙ 1942 年 11 月 8 日，由艾森豪威尔将军率领的一支英美联合部队在北非登陆，并立即投入战斗。图为美国步兵来到阿尔及利亚奥兰港口的海岸，他们举着星条旗加入了北非行动。

⊙美英联军在阿尔及尔附近登陆。

⊙英国水手正在帮助从运输船上下来的美国士兵，登上一艘开往阿尔及利亚海岸的战舰。

⊙美国士兵用力将一架防空炮推上阿尔及利亚海滩，而其他美国和英国部队就地待命。虽然法国维希政府的飞机轰炸了这些登陆点，但是并不能阻挡美英军队的脚步。

⊙接受过特殊训练的美国进攻部队被称作“别动队”。他们踢开房门，冲进阿尔及利亚的一幢建筑开始搜索，一位战友手持冲锋枪站在一旁做掩护。

⊙ 1942 年 11 月 8 日，美军“马萨诸塞”号战舰增援在卡萨布兰卡登陆的美军。

⊙大批美军在卡萨布兰卡登陆。

⊙艾森豪威尔（中）和巴顿将军（左）在一起。

⊙ 1942 年 11 月 10 日，盟军与北非的法国维希政府军队举行谈判，商讨北非停火事宜。图中从左到右依次是：英国的坎宁安将军、美国的克拉克将军、法国维希政府的达尔朗将军、美国的艾森豪威尔将军。11 月 13 日，盟军任命同意投降的达尔朗将军为北非的法军总司令。这次停火协议引起美国国内舆论的非议，给艾森豪威尔带来了巨大压力。

⊙在摩洛哥的卡萨布兰卡，盟军与维希政府的法军停战后，法国和美国的将军以及有关人士向在北非阵亡的法、美两国军人致敬。

⊙美军与法国维希政府谈判一事引起国内舆论的愤怒。艾森豪威尔承担了责任，这使他在政治上一时陷于困境。

⊙在突尼斯，“火炬”登陆行动几个星期后，年轻自信但经验不足、未经历过战争考验的美国部队，在他们的新装备“李将军”坦克前，兴奋地展示 75 毫米口径的炮弹。

⊙法国维希政府并没有真正地投降盟军，达尔朗将军暗中仍与德军合作，德军迅速向北非的盟军发起进攻。1943年初，美国陆战航空部队在突尼斯贝恩斯遭遇了轴心国部队的攻击。图为一位受伤的航空兵军士，站在被德国轰炸机炸毁的帐篷中间。

⊙ 1943年3月20日至5月13日，盟军在突尼斯对德意联军展开进攻。5月7日，分别攻占突尼斯城和比塞大港，二十五万德军于5月13日投降。至此，盟军已在北非全部肃清了德意军队。图为英国步兵在美国坦克火力的掩护下向突尼斯推进。

⊙登陆非洲的美军，正用缴获的德军加农炮向德军阵地轰击。

⊙在突尼斯战役期间，艾森豪威尔（左）同巴顿在北非战场。

⊙在庆祝北非战场胜利的仪式上，士兵们扛着步枪列队经过突尼斯的街道，接受来自英国、法国和美国司令官的检阅。

第七章 他属于战场

1943年的欧洲战场，盟军在艾森豪威尔的指挥下在意大利登陆，意大利的许多地区获得了解放。艾森豪威尔受到了许多士兵的爱戴，大家都谈论着他那平易近人的“草根作风”。有一次，他甚至进入一个士兵厨房，在那里大吃生牛肉糜和洋葱。

美国国内的说法则是，艾森豪威尔将会成为副总统。因为1944年就要大选了，共和党人为了打败罗斯福，邀请了麦克阿瑟作为副总统候选人。有些民主党人就希望，把艾森豪威尔拉进来做罗斯福的搭档。

“这不可能。”艾森豪威尔对他们说，“我的岗位是在前线，我不想搞政治。”消息传出后，民主党人十分失望，而前线的士兵则为艾森豪威尔欢呼。

这个时候，艾森豪威尔已经开始筹划在法国登陆的事情。他已经想好了战役代号——“霸王行动”。不过这个时候美国又出现了新的情况，有人建议让马歇尔去伦敦前线做总司令，把艾森豪威尔调回华盛顿当总参谋长。

“好不容易回到了前线，我不想回后方去看地图。”这就是艾森豪威尔的态度。不过他也感到一点绝望，似乎被送回华盛顿已经是必然的了。

这期间还有一个小插曲，有的“和平主义者”指责艾森豪威尔是战争爱好者。为此艾森豪威尔对记者说：“我痛恨战争，但是我更痛恨纳粹。我把美国人民的孩子送到前线去，我的儿子很快即将军校毕业，也将成为其中一员。跟纳粹实现不了和平，只有消灭它，世界才能和平！”

他的说法受到人民的欢迎，许多人尊敬地称呼他“美国第一父亲”。

他已经做好了回美国的准备，这个时候罗斯福突然飞到了突尼斯，一下飞机就告诉他说：“艾克，你得留下来了，我决定要你指挥‘霸王行动’。”这让艾森豪威尔幸福得一阵眩晕。

为了“霸王行动”，艾森豪威尔挑选自己最得力的部下来担任最重要的工作。优秀的陆军将军布雷德利已经被选派去指挥美军第一集团军，英国地面部队司令则由蒙哥马利担任。艾森豪威尔继续让史密斯当他的参谋长，特德担任“霸王行动”的副司令，斯帕茨负责指挥美国驻英轰炸机部队，进行空中支援。还有一位重要的情报处处长斯特朗，他是一位坦率而大胆的苏格兰人。由于他谦逊朴实，能够默默无闻地努力工作，完全没有英国人的那股傲慢劲儿，因此很受美国人欢迎。

艾森豪威尔还需要一个善于攻坚、敢于打硬仗的先锋官。为此，他非常希望巴顿加入这次行动。当时的巴顿正麻烦缠身，他在医院里打了一个患有“战争恐惧症”的士兵，说这个士兵是懦夫。

这件事被媒体渲染得沸沸扬扬，不可收拾。艾森豪威尔、陆军部和白宫都收到了上百封来信。大部分来信都要求任何殴打住院士兵的将军，即使是巴顿这样的名将，也应立即解职。

马歇尔已经听说了“打人事件”，他生气地要求艾森豪威尔进行解释。艾森豪威尔的答复写了满满四页纸。他向马歇尔保证，尽管报道说巴顿没有受到惩处，实际上他已经采取了“恰如其分的纠正行动”。在艾森豪威尔的帮助下，巴顿保留了职务并加入“霸王行动”，这场风波很快就过去了。

尚未解决的问题是，投入“霸王行动”的登陆艇和空军的规模。艾森豪威尔确信“霸王行动”是一次伟大的战役，因此几乎不可想象，除了全力以赴，还能做些什么。他在报告中说：“必须克服一切障碍、忍受一切艰苦、冒一切风险，以保证我们的打击是决定性的。我们不能失败。”

一切都已准备妥当，可是天气是无法改变的。历史上计划最完善的战役，最后都免不了要受制于变幻无常的天气，尤其是海战。艾森豪威尔曾抱怨说：“英国的天气根本无法预测。”

如果天气转坏，肯定要取消这次进攻，这就意味着精心准备的进攻计划还得推迟几个星期。如果这样的话，无论士气还是财力，都会不可避免地受到影响。

副官送来了消息，6月5日的天气可能会很坏。这个时候天上下起了雨，艾森豪威尔的心情很不好。在他的部下当中，英国将军蒙哥马利建议不管天气，该打就打，美国的将军们则要求等天气好了再登陆。艾森豪威尔决定等等看。

⊙ 1943年3月29日，艾森豪威尔（右）第一次在战场上拜访英国将军蒙哥马利。

⊙艾森豪威尔（左）和蒙哥马利在北非的军营中散步。

⊙ 1943 年 5 月 4 日，四星上将艾森豪威尔在一艘英军战舰上轻快地跨越栏杆。

⊙艾森豪威尔总是非常忙碌并且频繁地到前沿阵地观察敌人的情况。在这幅照片中，艾森豪威尔（右）和他的英国助手高尔特中校正在查看资料。

⊙艾森豪威尔（右）和蒙哥马利正用望远镜观察对面的海岸。

⊙艾森豪威尔（左）与坎宁安将军在一起。

⊙ 1943 年 7 月 25 日，墨索里尼政权垮台，这位法西斯头子被意大利国王解除一切职务并投入监狱，巴多格利奥奉命组织新政府。图为墨索里尼垮台之后，一幅被子弹打穿的墨索里尼肖像挂在西西里的一棵树上。

⊙ 1943 年 7 月，美军登上西西里岛。在前往巴勒莫的途中，芒瑞阿雷的村民满怀喜悦地欢迎美军的到来，并用鲜花和水果慰劳美军。根据西西里的习惯，大部分妇女都留在家里，不参加欢迎美军的活动。

⊙ 1943 年 8 月 30 日，蒙哥马利和艾森豪威尔在观察墨西拿海峡对岸的德军防线。

⊙ 1943 年 9 月 3 日，英加联军渡过墨西拿海峡，在意大利本土登陆。图为印度锡克族部队在意大利作战。

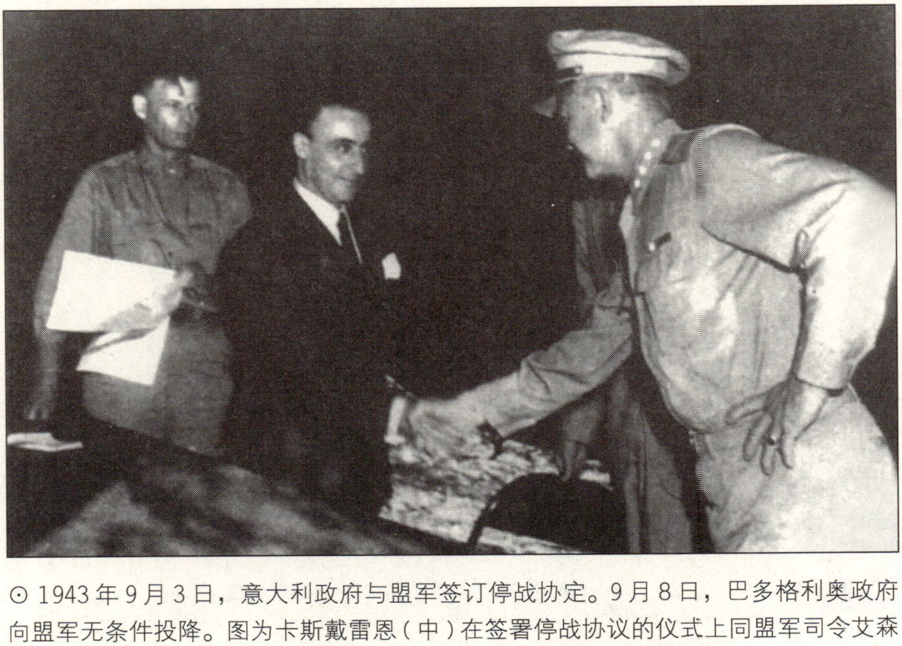

⊙ 1943 年 9 月 3 日，意大利政府与盟军签订停战协定。9 月 8 日，巴多格利奥政府向盟军无条件投降。图为卡斯戴雷恩（中）在签署停战协议的仪式上同盟军司令艾森豪威尔将军（右）握手，左边是艾森豪威尔的参谋长史密斯将军。

⊙ 1943 年 9 月，艾森豪威尔（左）和乔治·马歇尔在阿尔及尔会面。

⊙意大利战役结束后，美国第五集团军的一位法裔士兵以一块糖作为交换，从一个小女孩那里接受了一朵玫瑰花。他将收到的其他类似的礼物都插在头盔上的伪装网里。

⊙在英格兰任职时，艾森豪威尔与英国首相丘吉尔建立了良好的私人关系。这是艾森豪威尔（右）正在检查丘吉尔的“警报服”——丘吉尔首相设计的一种允许士兵在空袭的紧急状态下穿的服装。

⊙ 1943 年 12 月 7 日，艾森豪威尔被任命为指挥“霸王行动”的盟军远征军最高司令。图为忙碌的艾森豪威尔正在他的伦敦办公室里看时间。

⊙ 1943 年 12 月 25 日，艾森豪威尔（前排左一）和丘吉尔在意大利。

⊙ 1943 年 12 月，艾森豪威尔（左）和马克·克拉克在米格纳诺隘口附近察看地图。

⊙ 1943 年 12 月 31 日，艾森豪威尔在欧洲盟军指挥部。

⊙ 1944 年 1 月，在伦敦举行的盟国远征军最高统帅部的高层会议。与会者有：布雷德利（左一）、特德（左三）、艾森豪威尔（左四）、蒙哥马利（右三）等。

⊙ 1944 年 2 月 1 日到6月1日，艾森豪威尔视察了盟军在英国的二十六个师、二十四个机场、五艘战舰和无数的仓库、工厂、医院以及其他设施。图为艾森豪威尔正在视察一个美军营地。

⊙艾森豪威尔将军正在视察即将投入战斗的美军坦克部队。

⊙在诺曼底登陆前，艾森豪威尔在前线视察部队及武器装备。

⊙ 1944 春，艾森豪威尔在桑赫斯特皇家军事学院，向即将毕业上前线的军官们发表了即席演说。

⊙ 1944 年，艾森豪威尔准备在室外讲台进行演说。

⊙面带着他那著名的微笑，艾森豪威尔正在视察位于爱尔兰贝尔法斯特的一艘美国巡洋舰——“昆西”号。后来，这艘巡洋舰参加了炮击诺曼底海岸、掩护部队登陆的行动。

⊙ 1944 年 4 月 11 日，艾森豪威尔等人出席在埃克塞斯郡皇家空军基地举办的空军杰出服务十字勋章颁发仪式。

⊙在美国第九空军司令部，司令官布里尔顿少将、美国战略空军长官斯帕茨中将和艾森豪威尔将军（右）正在一起工作。他们正在为诺曼底登陆时的空军制订作战计划。

⊙ 1944 年 5 月中旬，艾森豪威尔和蒙哥马利将军在检阅为诺曼底登陆做准备的美军部队。

⊙ 1944 年 5 月 15 日，艾森豪威尔和丘吉尔前往某英军基地。

⊙艾森豪威尔正在试验一架“掠夺者”飞机的控制器。飞机上的炸弹图案象征着它的使命。

⊙为了诺曼底登陆，艾森豪威尔与蒙哥马利将军（左一）、特德将军（右一）一起在前线视察。

第八章 诺曼底登陆

忽然下属送来了新的报告，两三个小时之内，天气会放晴！艾森豪威尔准时发出了登陆作战的命令。空降兵、登陆舰队、空中掩护，一时间，诺曼底成了历史上最大规模的登陆场。

6 月 5 日上午七时，前线的海军登陆部队打电话告诉艾森豪威尔，一切正按部就班地进行着。接着，空降兵部队的马罗利将军报告了好消息——空降成功，伤亡轻微。艾森豪威尔给马歇尔发了一份电报："一切顺利。作战部队士气高涨、英勇顽强，能出色完成任务。从他们的眼中，可以看出战斗的激情。"

接下来的情报有喜有忧：英国和加拿大部队登陆的滩头遭到轻微抵抗，美军在犹他滩头的阵地已经巩固，奥马哈的部队遭到德军猛烈的炮火袭击。

6 月 6 日晚，两万三千多名空降兵已空投到诺曼底，五万七千五百名美军、七万五千多名英军和加拿大部队已经登陆。十五万盟军士兵已经突破希特勒大肆吹嘘的"大西洋壁垒"。

6 月 10 日，总参谋长马歇尔和英国国王抵达诺曼底。他们名义上是出席盟国参谋长联席会议，实际上他们想亲自看一看这次前所未有、意义重大的进攻。艾森豪威尔陪同他们参观作战总部，并登上奥马哈滩头阵地。

艾森豪威尔在天气上的赌博已经得到了报偿。6 月 19 日，一场强烈的暴风雨袭击了法国海岸，摧毁了一座人工港湾。人们心有余悸地说，如果艾森豪威尔在 6 月 5 日决定把时间推迟十五天的话，他们将遇到二十年来最糟糕的天气。

盟军的猛烈攻击让希特勒坐立不安，他想到了最后一根救命稻草。他的秘密武器是 V1 火箭，后来又加上了 V2 火箭，这两种东西就是现代导弹的始祖。英国人被这种恐怖武器搞得损失不轻，而且心理上十分惧怕。

"必须在他们的火箭形成规模之前消灭他们！"7 月 1 日，艾森豪威尔奔赴诺曼底视察前线，激励部下。他只带着一床铺盖、一名副官和一名勤务兵。他对布雷德利说，他不需要别的，只要一条遮着一块油布的战壕即可。

在前线，艾森豪威尔一连待了五天。他视察部队和战场，同布雷德利及军长、师长们交谈，与战士同吃同住。不过，军官们都不希望艾森豪威尔待在他们那里。因为艾森豪威尔走到哪里，德军的炮火就会跟着射到哪里。

第十五军军长、艾森豪威尔的老朋友海斯利普直截了当地对他说："你还是赶快走为好，不要认为我担心你，我只是不想让人说，是我让最高统帅在我的地域内遭到不幸。你若想被打死的话，请到别的部队去。"

7月23日，美军在诺曼底登陆的总人数已达七十七万，第一集团军伤亡七千三百人。英国和加拿大登陆部队总数是五十九万，伤亡近四万九千人，大量可以立即调用的美国后备部队正在英国待命。对于艾森豪威尔来说，大为有利的是盟军继续掌握着制空权。

八月，艾森豪威尔提出让预备队在法国南部登陆，却遭到了英国首相丘吉尔的反对。丘吉尔坚持认为，应该先让部队冲向南斯拉夫、希腊一带，然后再合围德国人。这在军事上简直是笨拙死了，不过艾森豪威尔看出了丘吉尔的打算，他不想让苏联军队插手巴尔干半岛。

那样将是更漫长的战争、更惨重的伤亡，艾森豪威尔没有答应。

⊙不值勤的德国士兵正坐在号称“大西洋壁垒”的一个伪装的碉堡上拉手风琴。为了提高部队的士气，陆军元帅隆美尔向通过了上级对防御工事和海滩障碍物严格检查的部队分发了大约一百架手风琴。

⊙朴茨茅斯附近的盟国远征军最高统帅部的司令部——索斯威克议院。艾森豪威尔就是在这里下达了进攻诺曼底的命令。

⊙艾森豪威尔将军正在一幅法国地图上讲解“霸王行动”的具体部署。

⊙ 1944年6月5日，艾森豪威尔将军为即将投入“霸王行动”的美军士兵做战前动员，鼓舞士气。

⊙1944年6月6日清晨，诺曼底登陆日，这是刚刚上船踏上征程的美军士兵。盟军进攻部队登上法国诺曼底海滩，揭开了盟军光复法国和解放欧洲的序幕。登陆西欧的计划早在两年前就已被同盟国领导人讨论过，但是当时英国首相丘吉尔没有同意。直到1943年末，丘吉尔和其他同盟国领导人才最终就这个计划达成一致。诺曼底登陆的计划和准备工作，是在最高司令官艾森豪威尔的指挥下于英国展开的。

⊙ 1944 年 6 月 6 日，在诺曼底登陆之初，美国第九空军的道格拉斯 A-20 歼击轰炸机率先对德军的防御工事发动袭击。在诺曼底登陆期间，这支空军部队飞行了大约 53800 架次，为了袭击敌人的海岸防御工事和通讯目标，总共投掷了大约 30700 吨炸弹。

⊙美国士兵正乘坐着一艘登陆艇接近一处有重兵防御的诺曼底海滩。他们前面的海滩上满是地雷和枪林弹雨，但进攻的每一位战士都不得不去面对它们。

⊙一辆盟军的水陆两栖车辆装载着重炮炮弹，从抵达诺曼底海边的登陆舰上驶出来，准备在诺曼底滩头登陆。

⊙ 1944 年 6 月 6 日，在诺曼底登陆战中，一名美军士兵正匍匐爬向海滩。此图为美国著名战地摄影记者卡帕所摄，拍摄时所持相机受到了炮火的震动。

⊙大批在诺曼底登陆上岸的美军。

⊙诺曼底登陆第二天，美国后续部队继续源源不断地拥向海滩，以加强滩头阵地。这些刚登陆的士兵将要遇到残酷的战斗，有些人将牺牲于此，再也回不到自己的家乡。

⊙在诺曼底登陆的盟军展示一面缴获的纳粹党旗。从旗帜的折纹上可以看出，它曾经被非常仔细地收藏。在拍照前，它被放在一名士兵的背包里。毫无疑问，这面旗帜将被作为战利品带回美国。

SUPREME HEADQUARTERS
ALLIED EXPEDITIONARY FORCE

Soldiers, Sailors and Airmen of the Allied Expeditionary Force!

You are about to embark upon the Great Crusade, toward which we have striven these many months. The eyes of the world are upon you. The hopes and prayers of liberty-loving people everywhere march with you. In company with our brave Allies and brothers-in-arms on other Fronts, you will bring about the destruction of the German war machine, the elimination of Nazi tyranny over the oppressed peoples of Europe, and security for ourselves in a free world.

Your task will not be an easy one. Your enemy is well trained, well equipped and battle-hardened. He will fight savagely.

But this is the year 1944 ! Much has happened since the Nazi triumphs of 1940-41. The United Nations have inflicted upon the Germans great defeats, in open battle, man-to-man. Our air offensive has seriously reduced their strength in the air and their capacity to wage war on the ground. Our Home Fronts have given us an overwhelming superiority in weapons and munitions of war, and placed at our disposal great reserves of trained fighting men. The tide has turned ! The free men of the world are marching together to Victory !

I have full confidence in your courage, devotion to duty and skill in battle. We will accept nothing less than full Victory !

Good Luck ! And let us all beseech the blessing of Almighty God upon this great and noble undertaking.

⊙ 1944 年 6 月，艾森豪威尔关于诺曼底登陆的信件。

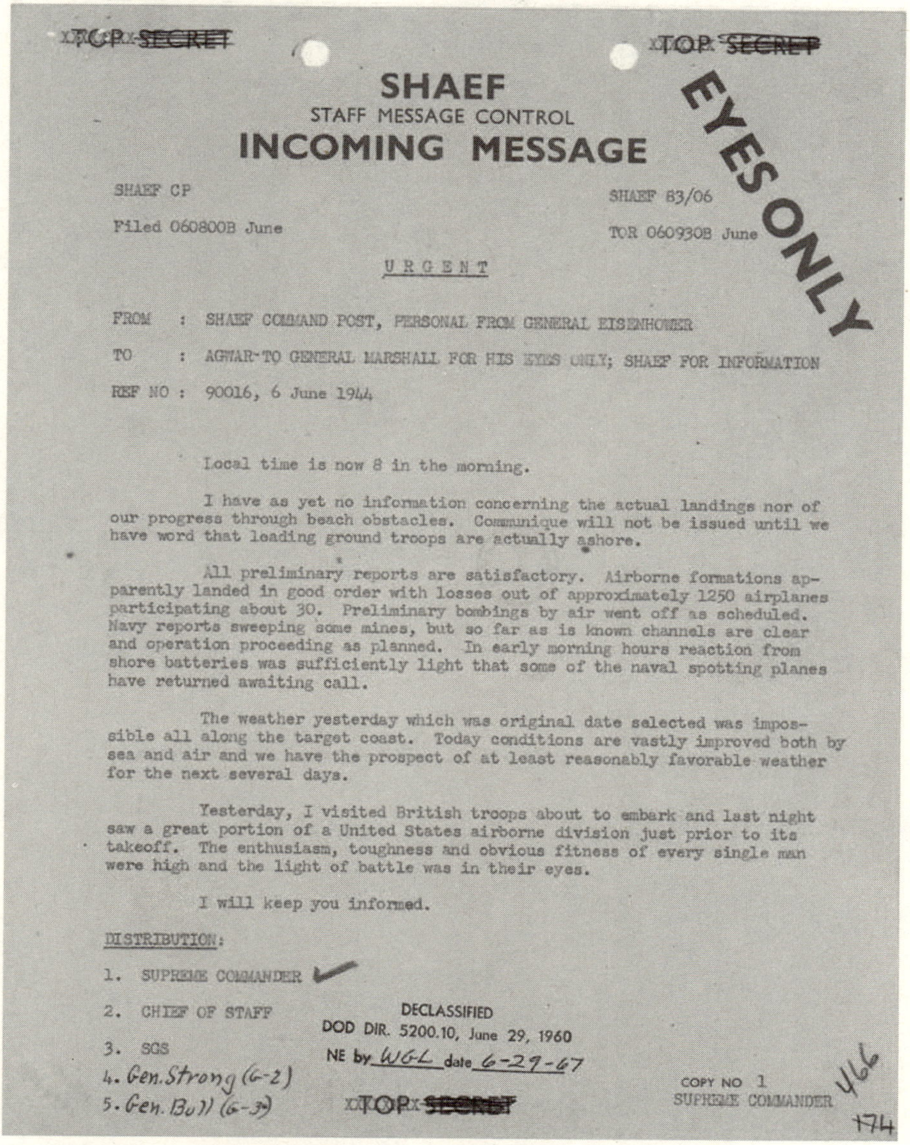

TOP SECRET TOP SECRET

SHAEF

STAFF MESSAGE CONTROL

INCOMING MESSAGE

EYES ONLY

SHAEF CP SHAEF 83/06

Filed 060800B June TOR 060930B June

URGENT

FROM : SHAEF COMMAND POST, PERSONAL FROM GENERAL EISENHOWER

TO : AGWAR TO GENERAL MARSHALL FOR HIS EYES ONLY; SHAEF FOR INFORMATION

REF NO : 90016, 6 June 1944

Local time is now 8 in the morning.

I have as yet no information concerning the actual landings nor of our progress through beach obstacles. Communique will not be issued until we have word that leading ground troops are actually ashore.

All preliminary reports are satisfactory. Airborne formations apparently landed in good order with losses out of approximately 1250 airplanes participating about 30. Preliminary bombings by air went off as scheduled. Navy reports sweeping some mines, but so far as is known channels are clear and operation proceeding as planned. In early morning hours reaction from shore batteries was sufficiently light that some of the naval spotting planes have returned awaiting call.

The weather yesterday which was original date selected was impossible all along the target coast. Today conditions are vastly improved both by sea and air and we have the prospect of at least reasonably favorable weather for the next several days.

Yesterday, I visited British troops about to embark and last night saw a great portion of a United States airborne division just prior to its takeoff. The enthusiasm, toughness and obvious fitness of every single man were high and the light of battle was in their eyes.

I will keep you informed.

DISTRIBUTION:

1. SUPREME COMMANDER ✓
2. CHIEF OF STAFF
3. SGS
4. Gen. Strong (G-2)
5. Gen. Bull (G-3)

DECLASSIFIED
DOD DIR. 5200.10, June 29, 1960
NE by WGL date 6-29-67

COPY NO 1
SUPREME COMMANDER

466

174

TOP SECRET

⊙ 1944 年 6 月，艾森豪威尔送给马歇尔的一份战事备忘录。

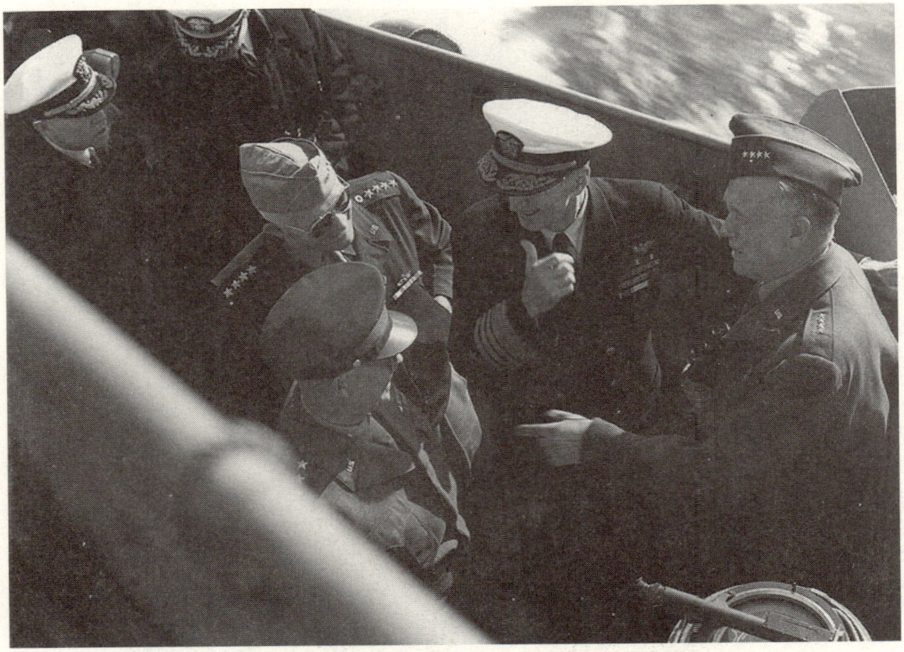

⊙ 1944 年 6 月 12 日，艾森豪威尔等人在一艘前往诺曼底的登陆舰上。

⊙ 1944 年 6 月 12 日，艾森豪威尔等人检视诺曼底登陆地区的防线。

⊙ 1944 年 6 月 12 日，艾森豪威尔和马歇尔等人抵达诺曼底滩头。

⊙马歇尔将军（中）与艾森豪威尔将军在欧洲战场的前线。指挥诺曼底登陆战役的最高司令人选本来是马歇尔，但是美国总统罗斯福说，马歇尔大有价值，不能让华盛顿失去他。因此，还是让艾森豪威尔来担任。

⊙ 1944 年 6 月 14 日，阿诺德将军、欧内斯特・金将军、艾森豪威尔将军（前右）和马歇尔将军（前左）视察了诺曼底滩头阵地。

⊙在洛杉矶好莱坞林荫大道的一角，当地市民正在仔细阅读报纸上艾森豪威尔发布的有关战况。

⊙ 1944 年 7 月 4 日，艾森豪威尔和布拉德利在第七十九师指挥部。

⊙ 1944年7月5日，盟军最高司令官艾森豪威尔（左）在诺曼底会见他的两个属下——美军地面部队司令布雷德利中将（中）和第七军司令柯林斯少将（右）。

⊙图中这名美国随军牧师，正在向一名即将死去的士兵祷告。战争期间，盟军即将死亡的士兵都受到医疗队和牧师的照料。

⊙ 1944 年 7 月 25 日，盟军实施“眼镜蛇行动”——一场突破诺曼底滩头阵地向纵深扩展的军事行动。大约两千五百架战机向一个德军集结地进行猛烈轰炸，投下了四千吨烈性炸弹。图为布满密密麻麻弹坑的圣洛附近的乡村地区。

⊙美军正在挖掘埋在废墟中的战友。1944 年 7 月 25 日，在“眼镜蛇行动”的空袭中，他们被盟军的飞机误炸，共造成约六百名美军伤亡。

第九章　解放欧洲

几个记者在艾森豪威尔的办公室里漫不经心地跟他聊天，其中一个问道："将军，有人说战争几个星期就会结束，是吗？"

艾森豪威尔收起笑容，很认真地对他说："不对，如果我们抓住希特勒，就会绞死他。他也明白这一点，他不会投降的，战争会越进行越艰苦，几个月、几年都有可能。"

这个时候是1944年8月，巴顿的望远镜里已经能够望见巴黎的铁塔了。

"怎么办？"巴顿发电报问艾森豪威尔，"要不要收复巴黎？"

艾森豪威尔挠挠脑袋，权衡着收复巴黎的利弊："如果德国人在巴黎进行焦土巷战的话，会损坏许多文物，法国人一定会恼怒的。收复之后盟军还要管巴黎两百万人吃饭。但是战士们希望收复这座美丽的城市，还有什么比把法国人解放出来更伟大的功绩呢？"

最后他决定收复巴黎，不过为了保护文物及市民的安全，不准用重武器进行剧烈的战斗，也不准空军和炮兵轰炸巴黎。8月25日，巴黎解放了，法国人民打出自由三色旗，迎接带给他们自由的解放者。

解放巴黎之后，盟军越来越充满力量，他们和苏军两面打击纳粹德国。装甲集团军群几个小时推进的距离，在第一次世界大战中要花好几个月，付出上万人的代价才能达到。罗马尼亚向苏联投降，接着对德宣战；芬兰和苏联签订了停战协定；保加利亚准备投降；德军撤出希腊。盟军在法国南部登陆，向里昂推进。

看起来，战争的结束指日可待，不过这时候发生了很不愉快的事情。英国人蒙哥马利9月1日被丘吉尔提升做了元帅（相当于美国的五星上将），比艾森豪威尔的军衔还要高。正巧这个时候，艾森豪威尔因为飞机迫降膝盖受了伤，蒙哥马利就要求艾森豪威尔把指挥权交给自己，还发电报要求受伤的艾森豪威尔来跟自己讨论作战计划。

部下都很气愤英国人的傲慢，不过艾森豪威尔还是去见了蒙哥马利。

蒙哥马利的计划就是“市场花园行动”（就是《兄弟连》里伤亡惨重的那次行动），他的态度很明确：你躺着吧，我来干。艾森豪威尔没有办法，又一次妥协了。

“市场花园行动”由于缺乏协调和掩护，遭到了德军的反击。盟军几个月以来的优势一下子就没有了，连丘吉尔也私下抱怨蒙哥马利。蒙哥马利说是因为艾森豪威尔下命令的时候太犹豫，但是巴顿他们心里明白：艾森豪威尔对这个英国人实在是太纵容了。

罗斯福知道了艾森豪威尔的困境，于是在1944年12月16日，授予他五星上将军衔。这样，他就可以与马歇尔、麦克阿瑟、蒙哥马利等将军平起平坐了。

1945年3月22日，在接到盟国远征军总部命令的那一天，巴顿将军出其不意地渡过莱茵河。第二天，艾森豪威尔从戛纳飞往韦塞尔，观看第九集团军强渡莱茵河的宏伟场面。与此同时，北面的第二集团军经过准备后强行渡河。同时，霍奇斯和巴顿扩大了他们的桥头堡，最后的攻势开始了。

在四月的头几个星期里，盟军在部队质量、机动性、空中力量、物资和士气等方面占有绝对优势。而德军缺乏燃料和弹药，许多部队甚至已经瘫痪了。这个时候的艾森豪威尔已经不需要过问具体战斗的指挥工作，部下的几个将军与其说是在进攻德国，不如说是在接收德国。

4月11日，辛普森的第九集团军的先头部队在马格德堡抵达易北河畔，并在易北河上建立了两个桥头堡。突然间，美军似乎有了攻占柏林的机会。

巴顿给艾森豪威尔发电报说：“让我把柏林打下来吧？！”这个贵族将军已经沉浸在一种留名青史的渴望中了，他希望乘坦克进入柏林，享受荣耀。盟军官兵也梦想着自己的部队能够抓住希特勒。

布雷德利更是请求进攻柏林，理由是辛普森已经离柏林只有五十英里了。艾森豪威尔经过考虑，拒绝了他们的请求：“把柏林让给俄国人来打吧。”

他希望美军能够冲向阿尔卑斯山这样的战略要地，而柏林会让部队陷入巷战，可能会拖很久。更何况，如果进攻柏林，就一定得和红军协调作战，指挥权是个问题，如果配合不好，一定会伤了和气。

丘吉尔非常不满艾森豪威尔的这种决定，他认为应该抢在苏联人之前占领柏林。不然的话，恐怕苏联在欧洲的势力会增强。丘吉尔甚至认为，他们会吞并捷克和丹麦。

4 月 18 日，德国最重要的工业基地鲁尔地区停止抵抗，三十一万多名德军缴械投降——这是欧洲战场上最大的一次集体投降。

1945 年 4 月 30 日，希特勒在攻城炮火的伴奏声中自杀了。苏联红军攻克了柏林，艾森豪威尔则命令部队进攻布拉格。希特勒的继承人邓尼茨很想只向西方盟军投降而和苏联人死拼。艾森豪威尔迅速向新总统杜鲁门（罗斯福总统在战争结束前病逝了）建议：不能接受这样的投降，必须让德国人向三大国投降。杜鲁门批准了他的意见。

5 月 7 日，德国正式宣布无条件投降。

艾森豪威尔把军官和新闻记者召集起来，拍了新闻影片，进行广播录音，并亲自拟定了电文："盟军的任务，在 1945 年 5 月 7 日当地时间二时四十一分完成。"

他的声音有点颤抖，他按捺不住内心的喜悦。

⊙ 1944 年 8 月 1 日，新组建的美国巴顿将军的第三集团军横扫了布列塔尼。图为在高级军官及爱犬威利的陪同下，巴顿正在等候艾森豪威尔前来参加会议。

⊙在卡昂和法莱士之间被炸毁的公路上，卫生员正在护理一个加拿大伤员。在几米以外就是一辆燃烧的德军坦克。1944年8月，加拿大第一集团军为突破德军坚固的防线，在从卡昂到法莱士之间二十一英里长的公路上，连续进行了九天的激烈战斗。

⊙ 1944年8月，盟军在法莱士地区包围了大约六万名德军。图为一个德军运输队的死马和破车横七竖八躺了一地。盟军的火力如此猛烈，以至于一个盟军军官说："看起来好像是复仇天使席卷了该地区，摧毁了德国人的一切。"

⊙ 1944年8月21日，艾森豪威尔决定让雅克·勒克莱克将军所统率的法国第二装甲师和美国第四步兵师进入巴黎。图为勒克莱克将军同士兵一起驱车经过巴黎圣母院。

⊙ 1944年，在英国德布登的一次典礼中，艾森豪威尔将军为美国王牌飞行员唐·简特莱上尉别上优异服务十字勋章。右边是简特莱的指挥官、出色的第四战斗机大队的唐·布莱克斯利上校。

⊙ 1944 年 8 月 25 日，巴黎被盟军解放。这是 8 月 27 日，艾森豪威尔和布雷德利走在巴黎图书馆前。

⊙艾森豪威尔（右）和蒙哥马利在一起。

⊙ 1944 年秋天，艾森豪威尔在进军途中视察部队。

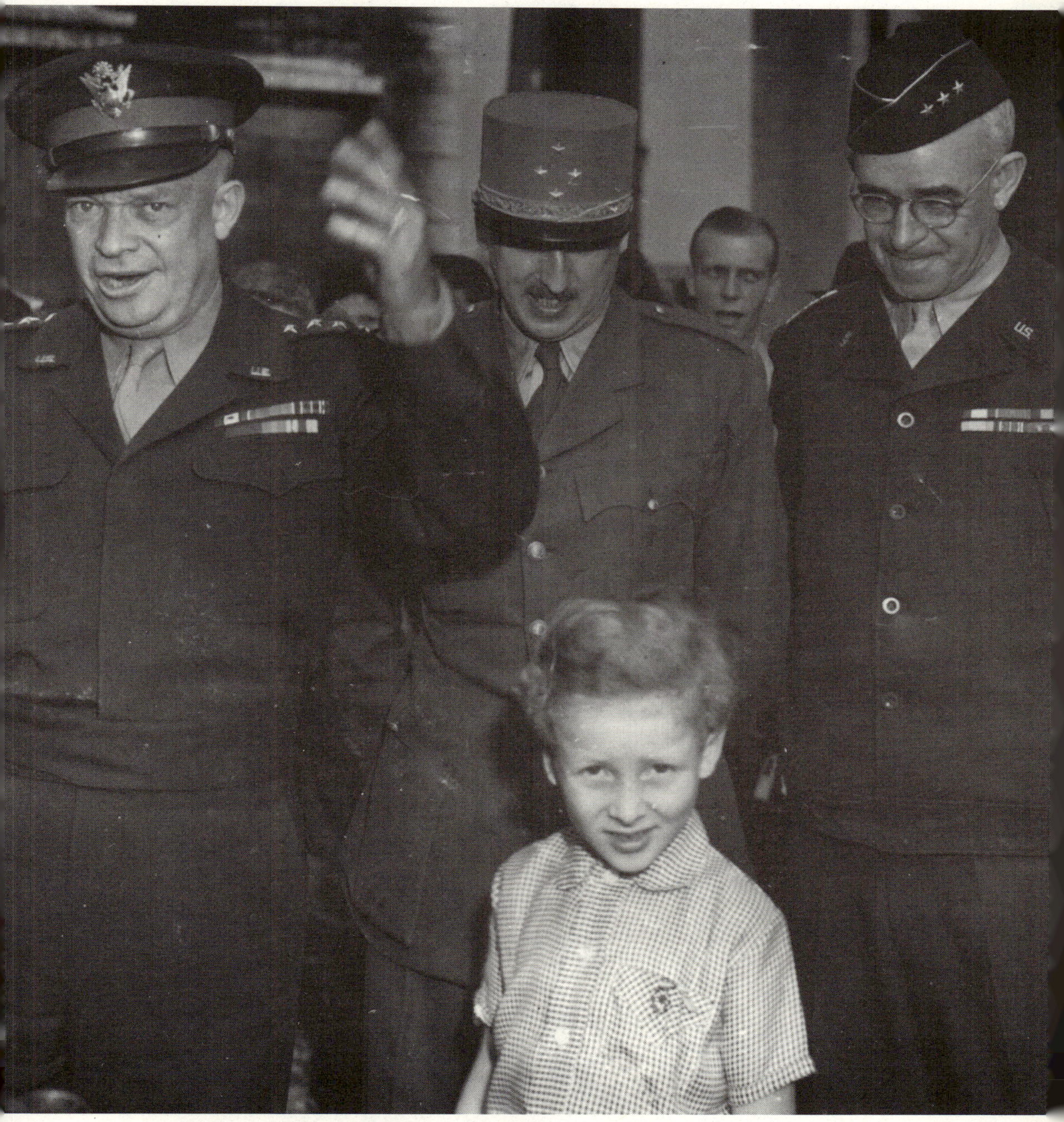

⊙ 1944 年 8 月 27 日，艾森豪威尔、皮埃尔·柯尼格和布雷德利在凯旋门。

⊙ 1944 年 11 月，艾森豪威尔（中）与丘吉尔（右）在一起。

⊙ 1944 年 11 月 9 日，盟军最高司令艾森豪威尔将军在视察美军第八步兵师时饮用咖啡。

⊙ 1944 年 12 月 16 日，艾森豪威尔在参加他的勤务兵迈克尔·麦奇欧中士的婚礼时签到。

⊙ 1944 年 12 月 16 日，德军经过充分准备，集中所有可以调集的兵力，发起了阿登战役，对盟军进行大规模的反击。这是在阿登战役中向盟军发动进攻的德军坦克。

⊙在阿登战役中，一名在德军战斗机的低空扫射中毙命的美军士兵，他还笔直地坐在卡车的前座上。

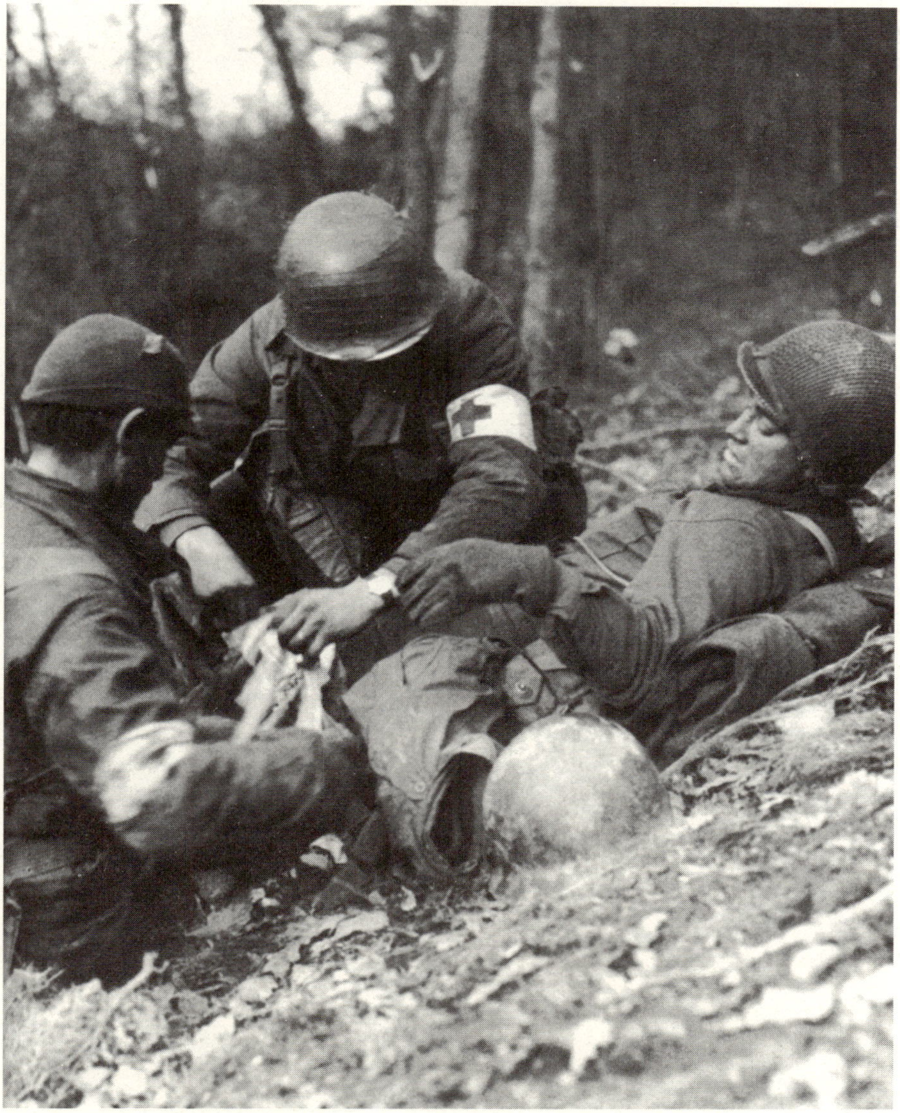

⊙在阿登战场上，救护队在敌人的炮火下为一个步兵包扎腿上的伤口。这种危险的工作，使得欧洲战场上有两千多位盟军医生献出了生命。

⊙ 1945 年 1 月，阿登地区的圣维特被盟军重新夺回。在大雪覆盖、寒冷异常的圣维特，第七装甲师的一个美国大兵正在被炮火轰炸后的郊外巡逻。

⊙ 1945 年 1 月，艾森豪威尔在办公室。

⊙ 1945 年初，蒙哥马利、艾森豪威尔（中）和布雷德利正在商讨作战计划。

⊙ 1945 年 3 月 17 日，艾森豪威尔、巴顿和戴维斯将军正在讨论作战计划。

⊙ 1945年3月，在靠近杜克汉姆地区时，美军第三集团军不得不在路边艰难地穿行，因为路上堆满了被毁坏的德军装备。

⊙ 1945 年 3 月 24 日，在战争最后一次大规模的空降行动——“大学行动”中，空降部队在威悉尔地区帮助盟军地面部队在莱茵河对岸建立一个桥头堡。图为一个美国伞兵穿戴完毕准备出发时拍的照片，他胸前的小圆片是快速打开降落伞包时用的。

⊙ 1945 年 3 月，在发动跨越莱茵河的战役以前，美军第三集团军第八十九师的卡车、士兵和冲锋舟塞满了小城格尔的狭窄街道。

⊙坐在冲锋舟中的美国大兵在横渡莱茵河的时候，为了躲避东岸德军的炮火，不得不把身子蜷缩起来，把头埋下去。

⊙在诺曼底登陆作战中使用的防空气球，在莱茵河战役中再次发挥了作用。图为几个士兵正在莱茵河的一处盟军桥头堡，准备系住一只防空气球。

⊙美军士兵从冲锋舟上跳下来，正登上泥泞的莱茵河东岸。

⊙ 1945 年 3 月 27 日，美军第三集团军的坦克与吉普车通过浮桥跨过莱茵河。第三集团军司令巴顿将军自豪地站在吉普车上，雄赳赳气昂昂地穿过莱茵河上的浮桥。当天晚些时候，他在给艾森豪威尔的一封电报里幽默地形容当时的情形：“亲爱的艾克，今天我向莱茵河里吐了一口唾沫。”

⊙ 1945 年 4 月 11 日，美军辛普森的第九集团军的先头部队，在马格德堡抵达易北河畔。图为第九集团军的一个士兵骄傲地展示他的战利品，其中包括一把刺刀、两把手枪和一把纳粹剑。

⊙艾森豪威尔将军、巴顿将军和布雷德利将军，正在视察美军第三集团军在德国中部的赫斯费尔德的一座盐矿里发现的无价的艺术珍品。这些画是从柏林运到赫斯费尔德来的。

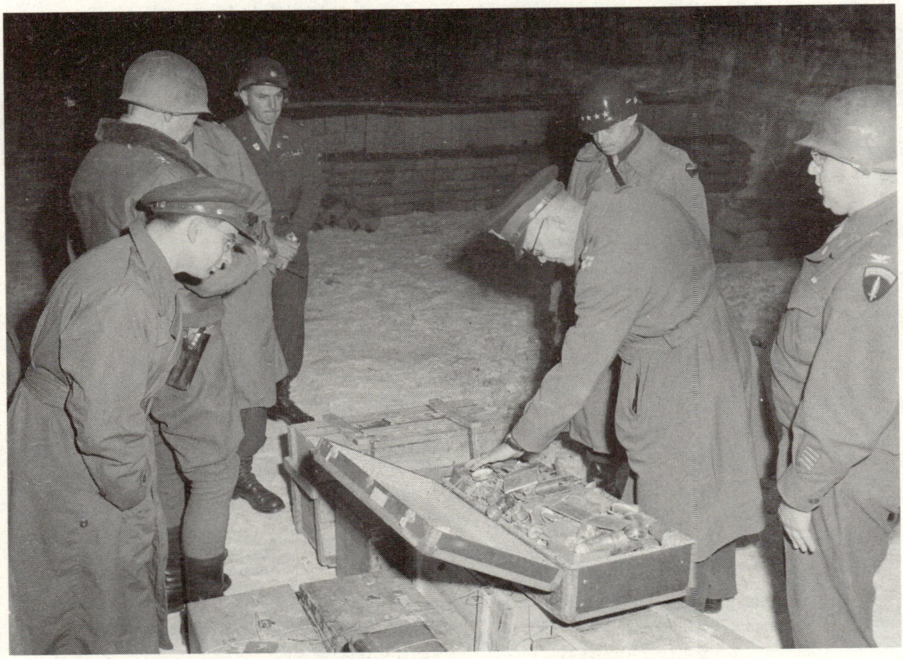

⊙ 1945 年 4 月，艾森豪威尔、巴顿和布雷德利在检查默克斯盐矿下的纳粹掠夺财物。

⊙ 1945 年 4 月 12 日，艾森豪威尔和美军将领在奥尔德鲁夫集中营。

⊙ 1945 年 4 月 12 日，艾森豪威尔、巴顿和布雷德利视察刚刚占领的一处德国集中营，集中营内被纳粹屠杀的战俘尸横遍地，令人触目惊心。

⊙ 1945年4月12日，艾森豪威尔等美军将领在奥尔德鲁夫集中营检视纳粹罪行现场。

⊙ 1945 年 4 月，美军第九集团军开始向易北河地区挺进。图中的美军士兵正在被炮火炸毁的克虏伯工厂的废墟中搜寻德军狙击手，因为德国电台的报道称，在该城工厂的废墟中，数以千计的狙击手正在等待着盟军。而事实上，并没有出现如电台中所说的那种抵抗。

⊙ 一名美国士兵（左）受到苏联传统方式的欢迎——一次能挤碎骨头的大力拥抱。

⊙ 1945 年 4 月，美军与苏军在柏林以南约七十五英里的易北河相遇。图为在易北河第一次会面的美苏两军将领瑞哈德特将军和卢萨科夫将军，他们正一起去参加庆祝活动。

⊙ 1945 年 4 月 20 日，美军第七集团军的士兵正在纽伦堡的希特勒广场庆祝胜利。然后，第七集团军留下一个师的兵力，继续清除城里的残余德军，其余军队向被艾森豪威尔称为“德国强盗的摇篮”的城市慕尼黑进发。

⊙在美军即将到来的一座德国小镇上，一家德国平民神色焦虑地躲在临时搭建的木棚里。木棚上挂着一面白旗，表示投降。

⊙ 1945 年 5 月 7 日，艾森豪威尔（左）和亚瑟·特德宣布德国签署投降协议。

⊙ 1945 年 5 月 7 日，艾森豪威尔（左）和亚瑟・特德宣布德国签署投降协议。

⊙ 1945 年 5 月 7 日，德军战败投降。这是德国阿尔弗雷德・约德尔将军（中）在艾森豪威尔位于法国兰斯的总部里签署投降书。约德尔的副官威廉・奥克森・尼尔斯少校坐在他的左边，坐在他右边的是德国海军上将弗雷德堡。

⊙ 1945 年 5 月 7 日，签署完对德受降文件后，艾森豪威尔拿起签字笔示意记者拍照。

⊙ 1945 年 5 月 7 日，苏联伊万·索斯洛帕罗夫将军和助手前往会见艾森豪威尔（右）。

⊙ 1945 年 5 月 7 日，盟军的高级指挥官们。左起：伊万·索斯洛帕罗夫将军、弗雷德里克 .E. 摩根中将、沃尔特·比德尔·史密斯中将、凯·萨默斯比上尉（被挡住）、哈里 .C. 布彻、艾森豪威尔、亚瑟·特德元帅。

第十章 胜利之后

德国投降这一令人兴奋的消息闪电般传遍世界。对于艾森豪威尔来说，生活一下子充实了许多，更新鲜了许多。

接下来的几个星期，他的日程表排得满满的，和苏联人磋商、接待来访的重要人物、把美国在欧洲的部队重新部署到太平洋……然而，他的大部分精力还是用来应付热火朝天的长时间庆祝活动。他在这个期间认识了苏军的朱可夫元帅，两个人成为很好的朋友。

胜利的喜悦确实让人心醉，不过思乡之情更让英雄坐立不安。艾森豪威尔想回美国去了，作为军人的他，使命已经完成。

他的申请很快得到批准。1945 年 6 月，他凯旋归国，担任陆军参谋长职务。每次他在公共场合露面，都会引起轰动。

这个时候，他成为最受西方国家民众爱戴的人。罗斯福已经逝世，丘吉尔因为没能连任而暂时退出公众视线，所有的美国人只要想起胜利，都会说起艾森豪威尔，大家都希望他能成为下任总统。

艾森豪威尔也对总统这个位置动了心。为此，他曾经少见地斥责了老友巴顿，因为巴顿的多次反共讲话很容易让人们以为这是他的态度。巴顿为此十分伤心，觉得艾森豪威尔"变了"。不久，巴顿死于车祸，这使艾森豪威尔十分悲伤。事实上，他能够理解巴顿在胜利后那种无所适从的茫然心态——没仗打的将军，会从英雄变成凡人。

1948 年，艾森豪威尔第一次退役，他很快找到了新工作：哥伦比亚大学校长。同年秋，他写的《欧洲十字军》一书出版，畅销一时，他一下子成为富翁。不过，他作为一名校长并不成功。当朝鲜战争爆发之后，他又一次服役，担任了新成立的北大西洋公约组织的最高司令。

杜鲁门多次想把艾森豪威尔拉进民主党，他曾经说过："你想要什么我都给你，包括 1948 年的总统宝座。" 艾森豪威尔当时没有参加选举。不过两党都在拉拢他，谁也不知道他的政治态度。

1952年，艾森豪威尔又一次退役，随后他站在共和党一边参加了总统竞选并获胜。1953年，他正式就任总统，其第一个举动就是通过谈判结束了朝鲜战争。

作为军事家的艾森豪威尔，从此变成了政治家艾森豪威尔。在以后的两届八年任期当中，他显示了对苏联强硬的一面。

他在1957年提出了“艾森豪威尔主义”，企图控制中东地区。1957年1月，艾森豪威尔在致国会的《对中东政策特别咨文》中提出：由国会授权总统在中东实行“军事援助和合作计划”，并借口对付“共产主义侵略”，在中东地区使用美国武装部队；两年内额外拨款四亿美元向中东国家提供经济“援助”。

当时，正值英法侵略埃及的战争失败，美国企图利用这个计划，一面以武力威胁为手段，一面以经济援助为诱饵，用反共作幌子，进一步排挤英法等国势力，以实现其独占中东的阴谋。后来，“艾森豪威尔主义”也被用于中东以外的地区。

这个决议案于3月7日被美国国会通过。3月9日，艾森豪威尔签署了这个后来被称为“艾森豪威尔主义”的决议案。直到今天，美国在中东的势力如此强大，都和当时艾森豪威尔的这个决议有直接关系。

不过，“艾森豪威尔主义”遭到中东各国人民的反对。埃及、叙利亚、沙特阿拉伯和约旦四国政府两度发表声明，拒绝接受“艾森豪威尔主义”。1959年，随着国务卿杜勒斯的逝世，“艾森豪威尔主义”也黯然失色了。

不过，艾森豪威尔也显示了对苏联的适度友好。他邀请朱可夫等老朋友来美国访问，还与苏联部长会议主席赫鲁晓夫在美国戴维营举行了美苏高级会谈。“戴维营会谈”开创了冷战年代及以后美苏首脑会晤的先例。

1962年，艾森豪威尔正式退出政治舞台。从此，他成为一位出色的作家和历史材料提供者，他忙于写回忆录。1963年出版的《授权变革》、1965年出版的《争取和平》和1967年出版的《在悠闲时刻讲给朋友们听的故事》，都是充满情趣和智慧的好书。

退休后，艾森豪威尔回到葛底斯堡的农场，和妻子、孙子住在一起，他种了许多棉花、小麦，还养了马和牛。

不过，多年的战争和政治生涯加重了艾森豪威尔的心脏负担，早在担任总统时他就曾经发过心脏病。

1969 年 3 月 28 日，艾森豪威尔在家中病逝，享年七十九岁。

临终前，艾森豪威尔要医生和家人扶他坐起来，这位垂暮英雄希望像军人那样站着死去！

⊙ 1945 年，艾森豪威尔在美国参加游行时向群众挥手致意。

⊙纳粹德国投降后，艾森豪威尔作为统率数百万大军的盟国远征军总司令，成为战争中最著名、最成功的将军。

⊙胜利日的纽约时代广场，一个水兵兴奋地拥吻一个少女。战争终于结束了！

⊙1945年5月11日，美军将领合影留念。前排从左往右依次为：第九集团军司令辛普森、第二集团军司令巴顿、盟军空军副司令斯帕茨、盟军最高司令艾森豪威尔、第十一集团军司令布雷德利、第一集团军司令霍奇斯和第十五集团军司令杰罗。

⊙1945年6月18日，艾森豪威尔夫妇和马歇尔在华盛顿特区。

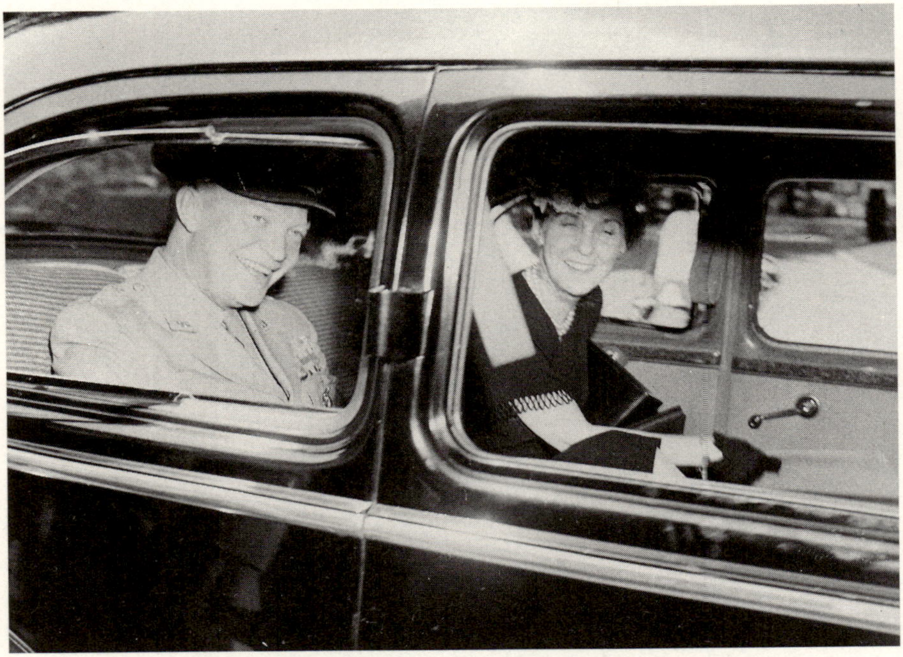

⊙ 1945 年 6 月 18 日，艾森豪威尔夫妇在美国。

⊙ 1945 年 6 月 18 日，艾森豪威尔和马歇尔在华盛顿国家机场。

⊙ 1945 年 6 月 18 日，艾森豪威尔（中）在华盛顿国家机场。

⊙ 1945 年 6 月 18 日，杜鲁门和艾森豪威尔（右）在华盛顿国家机场。

⊙ 1945年6月18日，杜鲁门为艾森豪威尔颁发杰出服役勋章。

⊙战争结束后不久，盟军士兵便开始与德国当地的妇女谈恋爱。这是在德国首都柏林郊外的森林里。

⊙ 1945 年 7 月 5 日，艾森豪威尔（中）和朱可夫（左）以及蒙哥马利（右）会面。

⊙ 1945 年 7 月 10 日，艾森豪威尔同埃莉诺・罗斯福在海德公园的罗斯福故居。

⊙ 1945 年 7 月 15 日，威廉・莱希、哈罗德・斯塔克、詹姆斯・伯恩斯、查尔斯・索耶、杜鲁门和艾森豪威尔在安特卫普。

⊙ 1945 年 7 月 15 日，艾森豪威尔（右）和哈罗德・斯塔克在安特卫普等待杜鲁门的座机抵达。

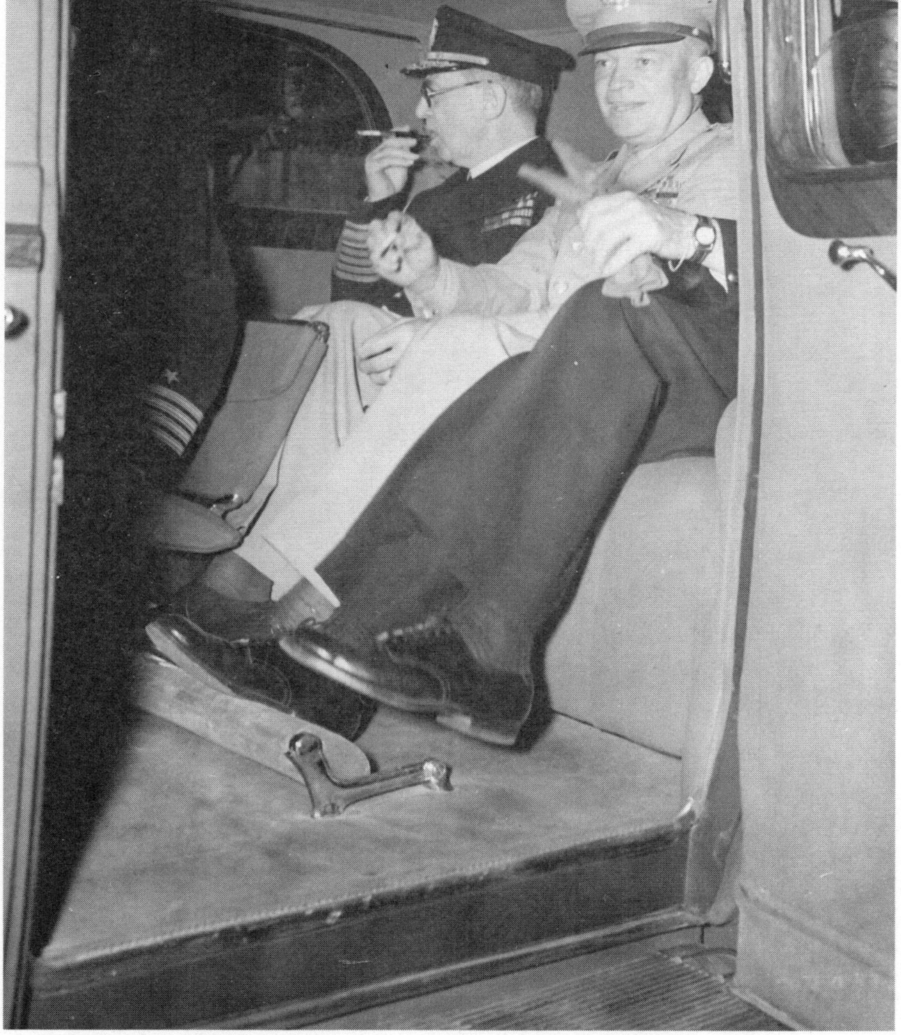

⊙ 1945 年 7 月 16 日，威廉·莱希、艾森豪威尔和哈罗德·斯塔克坐在一辆汽车里。

⊙ 1945 年 7 月 20 日，艾森豪威尔、巴顿、杜鲁门、布雷德利等人在柏林。

⊙ 1945 年 7 月 20 日，艾森豪威尔（左）和卢修斯·克莱在柏林加图机场。

⊙ 1945 年 9 月，艾森豪威尔和波兰将军马里安・斯彼哈尔斯基在华沙老城广场。

⊙ 1945 年 10 月，盟军占领德国的合作委员会在柏林召开。这个合作委员会是管理战后德国的主要权力机关，他们的决定要经过艾森豪威尔、蒙哥马利、朱可夫和盖尼格四位盟军司令官的批准。

⊙ 1946 年，马歇尔、宋美龄、蒋介石和艾森豪威尔。

⊙ 1946 年 4 月 11 日，艾森豪威尔在克里夫兰的美国飞行发动机研究实验室发表讲话。

⊙ 1948 年 2 月 7 日，杜鲁门在五角大楼为艾森豪威尔（右）颁发第三枚陆军杰出服役勋章。

⊙ 1949 年 2 月 15 日，艾森豪威尔和詹姆斯·福莱斯特在安德鲁斯空军基地。

⊙ 1950 年 5 月 20 日，艾森豪威尔和杜鲁门等参加阵亡将士纪念日游行。

⊙美国军政当局决定全面介入朝鲜战争后，最先入朝的是美第二十四师。图为 1950 年 7 月 2 日，第一批空投到朝鲜战场的美军史密斯特遣队抵达大田站。

⊙ 1950年7月7日，联合国组成“联合国军”，并任命美国五星上将麦克阿瑟为总司令。图为7月14日，美国陆军总参谋长柯林斯将联合国旗帜授予麦克阿瑟。

⊙ 1950 年 9 月 15 日，美军强攻朝鲜仁川港。战争使无数百姓无家可归，颠沛流离。图为躲避战乱的朝鲜难民队伍。

⊙ “联合国军”不顾中国政府的再三警告，越过三八线直逼中朝边境，严重威胁到中国的安全，中国领导人毅然决定出兵朝鲜。图为 1950 年 10 月 19 日，中国人民志愿军跨过冰冻的鸭绿江，赴朝参战。

⊙ 1951 年 1 月 7 日，在朝鲜战争期间，艾森豪威尔将军以北大西洋公约组织最高司令的身份，来到巴黎领导北约成员国的陆、海、空军部队。他聘请蒙哥马利元帅担任最高司令官的副职。图为蒙哥马利与艾森豪威尔在一起。

⊙ 1951 年 4 月 11 日，杜鲁门宣布解除麦克阿瑟的“联合国军”总司令一职。图为麦克阿瑟黯然离开朝鲜。

⊙听到麦克阿瑟被杜鲁门总统罢黜的消息时，艾森豪威尔不胜惊愕，想到战场同僚的命运，他不禁皱起眉头，沉思起来。

⊙ 1952 年 6 月 1 日，艾森豪威尔返回美国，以共和党总统候选人的身份参加总统竞选。图为 7 月 6 日，艾森豪威尔在芝加哥的布莱克斯通旅馆外与他的支持者们在一起。

⊙ 1952 年，艾森豪威尔夫妇和理查德·尼克松夫妇结伴参加美国总统与副总统的竞选活动。

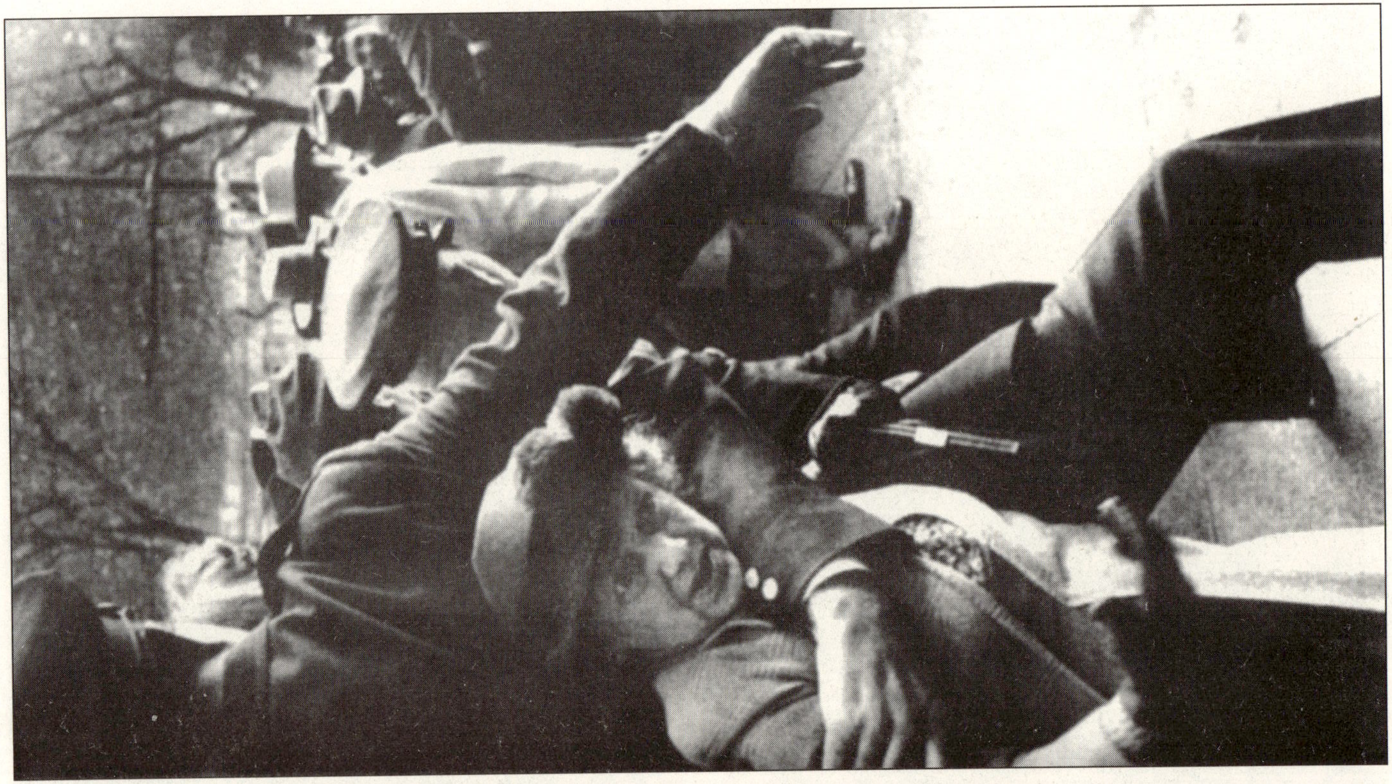

⊙ 1952年9月2日，艾森豪威尔去南方开始他的竞选活动，他访问了除密西西比州以外的各州。在八个星期的竞选活动中，他行程共计51376英里，走遍四十五个州，在许多小镇和城市发表了二百三十二次演说。图为11月3日，艾森豪威尔的竞选列车在车站受到围观，前去看望儿子的艾森豪威尔的母亲被警察拦在了人墙外。她大声嚷道：『我是艾克的妈妈！』

⊙1952年11月4日，共和党人艾森豪威尔当选美国总统。

⊙当选美国总统后的艾森豪威尔和妻子玛丽一起向他的支持者们致意。

⊙艾森豪威尔在美国总统选举中击败了他的民主党对手史蒂文森 获得了胜利。他赢得了超过三千三百万张选票，这是以往美国历史上最多的票数。共和党的胜利，使加利福尼亚州参议员理查德·尼克松担任了副总统的职位。

⊙ 1952 年 12 月，艾森豪威尔（右）和他的竞选搭档理查德·尼克松（中）聚首交谈。和他们在一起的，还有共和党全国委员会主席萨默菲尔德（左）。

⊙图为 1953 年 1 月 20 日，艾森豪威尔在他的总统就职典礼仪式上。在他的身后，妻子玛丽在大笑。

⊙艾森豪威尔在就任总统后第一次发表电视讲话。

⊙艾森豪威尔在白宫南草坪的总统专用直升机前。

⊙艾森豪威尔的总统专机。

⊙美国上下几乎都喜欢玛丽和艾森豪威尔的优雅、平和以及他们带给美国的活力。

⊙ 1953 年 12 月 8 日，美国总统艾森豪威尔在联合国原子能和平利用大会上发表演讲。

⊙在白宫谈笑风生的美、英政治巨头。自左至右：杜勒斯、丘吉尔、艾森豪威尔、艾登。

⊙艾森豪威尔与好莱坞明星约翰·韦恩在一次聚会上。

⊙ 1954 年 3 月 30 日，艾森豪威尔和美国原子能委员会主席路易斯·L·斯特劳斯正在观看太平洋氢弹试验报告。

⊙ 1954 年 3 月 31 日，艾森豪威尔总统和原子能委员会主席路易斯·L·斯特劳斯在新闻发布会上。

⊙ 1956 年，艾森豪威尔在街头拉选票，寻求连任。

⊙ 1956 年 11 月，在麦迪逊广场公园的艾森豪威尔连选集会上，他的支持者们打出口号："我们喜欢艾克"。

⊙ 1956 年 11 月 6 日，艾森豪威尔竞选总统成功，得以连任。

⊙ 1957 年 9 月，美国小石城黑人为反对种族歧视展开斗争，从而遭到军警的残酷镇压，这酿成了震惊世界的“小石城事件”。艾森豪威尔总统派了一千名陆军伞兵部队到小石城去，并罢免了福布斯对国民警卫队的控制权。

⊙ 1959 年 1 月 3 日，艾森豪威尔在接受阿拉斯加成为美国第四十九个州的仪式上签字。

⊙ 1959 年 3 月，英国首相麦克米伦在结束对苏联的访问后来到华盛顿哥伦比亚特区，向艾森豪威尔总统通报他的苏联之行。在戴维营的总统山庄举行会谈后，两国政府发表了一份公报，其中提到“我们两国政府的意见完全一致”。

⊙ 1959 年 5 月 19 日，杜勒斯（坐轮椅者）、艾森豪威尔（左）和丘吉尔（中）在一起商谈。5 月 24 日，杜勒斯因癌症逝世。

⊙ 1959 年 8 月，美国总统艾森豪威尔（左）赴英国与英首相麦克米伦举行会谈。

⊙ 1959年9月，赫鲁晓夫访问美国。图为赫鲁晓夫正拿着艾森豪威尔送给他的火鸡开怀大笑。

⊙慷慨陈词的赫鲁晓夫要求，艾森豪威尔为美国U-2侦察机侵犯苏联领空公开道歉，并保证今后不再发生这样的事件。

⊙1961 年 1 月末，艾森豪威尔离开白宫，回到他的葛底斯堡农场安度晚年。他在这里读书、绘画、撰写回忆录。图为正在绘画的艾森豪威尔。

⊙这是卸任后在家绘画的艾森豪威尔。

⊙艾森豪威尔一家在戴维营的合影。从左至右依次为：孙女苏珊、艾森豪威尔、女儿巴巴拉、孙女约翰、儿子戴维以及妻子玛丽。

⊙晚年的艾森豪威尔在湖上钓鱼。

⊙晚年的艾森豪威尔。1969 年 3 月 28 日，艾森豪威尔因心脏病发作与世长辞，终年七十九岁。

艾森豪威尔生平大事年表

1890 年 出生于美国得克萨斯州丹尼尔森的一个基督徒家庭。

1909 年 从中学顺利毕业后，他很想继续深造，不过家庭环境实在难以支持他读大学。

1911 年 1 月，参加西点军校的考试。

1915 年 毕业于西点军校，当时在班上排名第六十一位，只得到军士长的军衔。后在得克萨斯州圣安东尼第十九步兵师服役，获少尉军衔。

1916 年 7 月 1 日，艾森豪威尔与玛丽·杜德举行婚礼。

1917 年 4 月，美国正式参加第一次世界大战，艾森豪威尔未被分配到前线。

1922 年 接到陆军参谋长潘兴将军的任命后，艾森豪威尔抵达巴拿马，开始他新的军旅生涯——这是他第一次到国外服役。

1925 年 经由巴拿马运河区盖拉德兵营的指挥官康纳推荐，艾森豪威尔回到美国，准备到利文沃思指挥参谋学院进修。

1928 年 6 月，艾森豪威尔从麦克奈尔堡陆军大学毕业。

1933 年 麦克阿瑟将艾森豪威尔任命为自己的私人助理。

1941 年 9 月，晋升为准将。

1942 年 6 月 25 日，艾森豪威尔举行了一场记者招待会，会上宣布他是驻英国美军司令。这时候，他开始了真正的“公众人物的生涯”。

1944-1945 年 在第二次世界大战期间，担任盟军在欧洲的最高指挥官，负责计划和执行进攻维希法国和纳粹德国的行动。

1948 年 2 月，退役后，任哥伦比亚大学校长。

1952 年 作为共和党总统候选人参加竞选并获胜，成为美国第三十四任总统。

1956 年 再次竞选获胜，蝉联总统。

1969 年 3 月 28 日，因心脏病发作去世，终年七十九岁。